François Simiand

Les fluctuations économiques à longue période et la crise mondiale

essai

 Le code de la propriété intellectuelle du 1er juillet 1992 interdit en effet expressément la photocopie à usage collectif sans autorisation des ayants droit. Or, cette pratique s'est généralisée dans les établissements d'enseignement supérieur, provoquant une baisse brutale des achats de livres et de revues, au point que la possibilité même pour les auteurs de créer des oeuvres nouvelles et de les faire éditer correctement est aujourd'hui menacée. En application de la loi du 11 mars 1957, il est interdit de reproduire intégralement ou partiellement le présent ouvrage, sur quelque support que ce soit, sans autorisation de l'Editeur ou du Centre Français d'Exploitation du Droit de Copie , 20, rue Grands Augustins, 75006 Paris.

ISBN : 978-1536813906

10 9 8 7 6 5 4 3 2 1

François Simiand

Les fluctuations économiques à longue période et la crise mondiale

essai

Table de Matières

Aux lecteurs	6
Introduction	6
Première partie	17
Deuxième partie	52

Aux lecteurs

Appelé à apporter une contribution à l'œuvre si intéressante poursuivie par *l'Institut des Hautes Études de Belgique*, j'y ai présenté, en mai dernier, sous le titre qu'on vient de lire, des conférences dont il m'a été aussitôt demandé de faire rédaction et publication.

J'ai pensé que, pour remercier cet Institut et mes auditeurs de leur accueil trop bienveillant, je ne pouvais moins faire que de déférer à cette demande.

J'ai donc écrit cet exposé, - mais en reproduisant aussi exactement que possible la forme et le cadre de ces conférences. - J'ai seulement dessiné un peu davantage certaines parties que le manque de temps m'avait obligé d'écourter : - mais même ainsi tout cela n'est encore qu'une esquisse.

Car cette forme et ce cadre de conférences, et ce caractère de simple esquisse, sont à la fois les raisons et les excuses de toutes les insuffisances (qu'à la rédaction j'ai senties encore davantage) d'un traitement aussi schématique et aussi bref appliqué à une matière aussi complexe et aussi vaste.

Mon vœu est que les lecteurs veuillent bien en tenir compte, avec la compréhension et l'indulgence dont mes auditeurs de Bruxelles ont paru m'accorder la sauvegarde.

Juin 1932.

Introduction
Dessein et orientation de cet exposé

Un double risque

En venant répondre à l'aimable invitation de l'Institut des Hautes Études de Belgique, j'ai éprouvé de plus en plus, - et maintenant, en m'adressant a au lecteur inconnu », j'éprouve peut-être encore davantage, - la crainte que le sujet indiqué par moi pour ces conférences, lorsque la réalisation en était encore lointaine, ne paraisse bien ambitieux ; et d'autant plus que tant d'études ont été déjà faites sur l'une et sur l'autre matières, notamment sur la seconde, et, entre toutes, celles si remarquables de maîtres de l'économie belge justement réputés.

Plus encore, de ce sujet bien ambitieux, je crains que la présentation ne paraisse doublement téméraire.

D'une part, en effet, selon la première branche de mon titre, je dois tenter de condenser (et cependant de façon claire, et probante, si possible) un ensemble de longues et complexes études de faits, aboutissant à une esquisse de «théorie expérimentale», qui pense atteindre aux faits majeurs, conducteurs, de l'évolution économique moderne. A ces études j'ai consacré des années et plusieurs publications volumineuses (où tout, j'espère, n'est pas inutile). Les resserrer en un exposé de quelques dizaines de minutes ou de pages, n'est-ce pas risquer d'affaiblir, déformer, disproportionner les faits, les analyses, les preuves et l'interprétation elle-même ?

D'autre part, pour répondre à la seconde branche du titre, je dois en tirer quelques vues sur les problèmes pratiques de l'heure, alors que je me suis attaché, dans ces publications, à m'abstenir de toute application aux faits présents : car je voulais avant tout éviter le risque, - toujours grand en ce domaine, - que le lecteur juge seulement et d'abord par les conséquences pratiques aperçues (et éventuellement selon les intérêts, ou simplement selon les habitudes, liés à telle autre orientation) les résultats d'une recherche tout objective, conçue et poursuivie dans un esprit de pure science expérimentale.

Ce double risque cependant, c'est dans un cadre tel que celui de cet Institut des Hautes Études, - et en espérant trouver, dans le cercle de lecteurs atteints par une publication entreprise, en somme, sous ses auspices, la faveur des mêmes conditions, - que je puis me hasarder à le courir. D'abord, parce que, si l'exécution de ce plan dans ce cadre comporte, on va le voir, de larges opérations de crédit, - de crédit purement intellectuel, s'entend, - c'est seulement auprès d'amis, d'auditeurs bienveillants, comme je les trouve en cet Institut, et auprès de lecteurs, je l'espère, aussi bienveillants, que je puis les tenter. Ensuite et surtout c'est parce que ce sont amis et auditeurs, et ce seront sans doute lecteurs, compétents :

Introduction

qui connaissent déjà la matière, peuvent entendre à demi-mot, et, en tout cas, faire différence entre faits bruts, sommaires, et faits dûment élaborés, différence entre constatation et interprétation ;

- qui sont acquis, je pense, à la distinction, si applicable et si recommandable en notre domaine économique et social, entre physiologie et médecine; acquis à l'antécédence désirable de la physiologie sur la médecine, et encore à la distinction entre médecine de science et médecine empirique,

- pour qui donc il se pose d'abord la question de reconnaître si et en quoi un fait qui se montre un mal apparent est vraiment pathologique ou non, avant que soit à envisager celle des remèdes et de leurs résultats possibles ; - et qui enfin, si tout de même, en attendant science dûment fondée, il faut recourir et consentir à des essais et remèdes empiriques, tiennent pour primordial de savoir qu'ils ne sont que cela en effet, et en quoi.

Deux grosses thèses

Cela dit en introduction et pour précautions utiles, je vais indiquer tout de suite les deux grosses thèses et leur conséquence que j'ose, sous ces conditions, présenter ici :

la première de ces thèses est que *des fluctuations économiques à longue période existent, et importantes, centrales même, dans le développement économique moderne et contemporain,* -depuis la fin du 18e siècle jusqu'à ce temps, très sûrement, - et même depuis le 16e siècle, au moins très probablement ;

la deuxième est que la *crise mondiale actuelle,* en même temps et plus profondément qu'un tournant entre la phase d'expansion et la phase de resserrement des fluctuations plus courtes et à période à peu près décennale, ou moins que décennale, *qui* sont bien connues, - *est un tournant entre deux phases relevant de l'une de ces grandes fluctuations à longue période,* inter-décennales, semi-séculaires, déjà rencontrées ;

et la conséquence qui en ressort est que *le plus pressé pour étudier, et, si possible, comprendre,* de façon objective et scientifique, *le principal de cette crise est d'étudier et, si possible, comprendre les fluctuations à longue période antérieures,* se succédant du 16e siècle, ou tout au moins de, la fin du 18e siècle, à ce jour, et de s'attacher, en cette étude et cet effort d'interprétation, à ce qui se répète entre elles, avant de regarder surtout à ce qui est ou peut être spécial à l'une ou l'autre.

Objection : Les traits différentiels de la crise présente

Mais, objectera-t-on tout de suite et avec force, comment ne pas apercevoir des *traits différentiels nouveaux, énormes, qui caractérisent cette crise-ci,* et d'une ampleur sans précédents ?

a) Comment ne pas apercevoir d'abord, comme un facteur aussi profond qu'original en celle-ci, cette *augmentation énorme des moyens de production,* des usines, des équipements, des exploitations entreprises ou développées, dont chacune des nations anciennes et plus encore nouvelles a pris à tâche, pendant la guerre et derechef après la guerre, de se munir et voulu se réserver l'avantage, et qui, de façon manifeste, débordent déraisonnablement toute possibilité d'absorption des productions correspondantes ?

Un rapport gouvernemental américain résume avec force cette situation :

« Les diverses nations du monde, y lisons-nous, ont construit et équipé des usines en surnombre, bien au delà des nécessités de la production... Sans doute, ajoute-t-il, il est indéniable que la découverte de nouveaux procédés de fabrication continuera dans l'avenir ; mais cela ne créera pas nécessairement de nouveaux débouchés... [Et plus loin] L'ère des gros profits est probablement terminée... »

Voilà certes un diagnostic sévère, mais exact, de notre situation présente. - Seulement, - seulement ce rapport est du ministre du Travail des États-Unis en 1886...

Pourtant, comment ne pas voir que pour telle production centrale caractéristique de l'économie actuelle, pour la production métallurgique par exemple, les hauts-fourneaux construits et en état de produire dépassent hors de toute raison les capacités du marché ? - Seulement, cette constatation, je la lis dans un rapport de grand groupement patronal de cette branche, daté de 1878...

b) Soit, dira-t-on ; mais comment oublier les *effets multiples des troubles survenus,* pendant la guerre et après la guerre, *dans les prix, dans les revenus, des décalages et des changements relatifs entre les diverses catégories de prix et de revenus,* et de leurs suites encore agissantes dans les présentes perturbations ?

J'en trouve un résumé significatif dans une part de sommaire d'un ouvrage très justement estimé :

« Persistance de la cherté. - Contagion de la hausse. - Cherté avantageuse aux cultivateurs. -Prospérité des commerçants... - Gros profits, précédant les hauts salaires. - Renchérissement du travail, postérieur au renchérissement des produits ; amoindrissement du bien-être de la classe ouvrière. - Les employés, leur rémunération n'augmente pas dans la même proportion ; misère de ces derniers. - Employés des administrations de l'État ; augmentation plus lente encore; amoindrissement de la situation des fonctionnaires... »

Ne sont-ce pas là les traits, bien marqués jusqu'en 1924, 1925, 1927 ou plus selon les pays, et qui ont entraîné des conséquences si sensibles dans le tréfonds de la crise actuelle ? - L'ouvrage d'où je viens de tirer ce sommaire est : *La question de l'or* par Levasseur, 1858.

c) Soit encore ; mais l'ordre de grandeur des faits, *l'augmentation artificielle des besoins, des habitudes,* liée sans doute à l'augmentation des moyens monétaires dits fiduciaires, n'est-elle pas bien propre à la période récente, et de conséquence dans le trouble actuel ? Un rapport de préfet français me paraît bien analyser ces faits et ces conséquences :

François Simiand

« Une cause plus ancienne et plus puissante [de changements], c'est l'habitude des prix exorbitants, contractée avec celle du papier-monnaie... Les villes nourrissent plus de consommateurs qu'autrefois. Les ouvriers des manufactures, les artisans se sont mis à faire meilleure chère, et depuis l'époque du papier-monnaie, voient sur leurs tables ce qu'ils désiraient seulement pour les jours de fêtes... Cette progression rend de jour en jour plus malheureuse la situation des rentiers, des fonctionnaires publics, et de tous ceux qui n'ont comme moyen d'existence qu'un traitement fixe... »

Ce rapport est du préfet du Tarn, 1802.

d) *Tout* de même, pouvons-nous méconnaître, dans les antécédents propres à notre crise présente, *cette extension, ce déchaînement du* luxe qui s'est, dans ces années trop faciles, étendu à toutes les couches de la population, et fait sacrifier de plus en plus aux dépenses inconsidérées, à l'ostentation, les économies et les astreintes nécessaires ? « L'heure est venue de la grande pénitence », a proclamé un de nos hommes politiques et financiers les plus connus, M. Caillaux (à vrai dire, il avait lancé cette formule déjà en 1924, et les faits des années subséquentes, chez nous, quelles qu'en soient les raisons, n'y avaient guère répondu ; mais il vient de la reprendre avec l'autorité sans doute accrue d'une prophétie à échéance différée). Et en effet :

« Le luxe, rapporte encore un économiste, qui est une des plaies de la classe bourgeoise, a atteint aussi la classe ouvrière... »

« Les mœurs, rapporte un préfet [Moselle], avaient [jusqu'alors] conservé presque dans toutes les classes leur antique simplicité. Aujourd'hui le faste éblouit et subjugue tous les esprits ; personne n'est assez sage pour s'en défendre... Les mœurs sont changées de même que le genre de vie ; la dépense est quintuplée... »

Mais, à vrai dire, ces textes sont datés de 1858 et de *l'an* XII. Et je pourrais ajouter ce texte, où toutefois quelque archaïsme d'expression dénonce tout de suite que nous ne sommes pas au

20e siècle :

> « Il est à présent impossible de faire distinction par l'extérieur. L'homme de boutique est vêtu comme le gentilhomme... Au reste, qui n'aperçoit point comme cette conformité d'ornement introduit la corruption de notre ancienne discipline ? L'insolence croîtra dans les villes, la tyrannie dans les champs. Les hommes s'effémineront par trop de délices, et les femmes par le soin de s'attifer perdront, avec la chasteté, le souci de leurs ménages... »

Et cela est de Montchrestien, en son célèbre *Traité d'économie politique, 1615*. Ne commencez-vous pas à soupçonner que, si elle tinte aujourd'hui, l'heure de la grande pénitence a dû déjà sonner plus d'une fois ?

e) *Oui,* mais aujourd'hui nous nous heurtons à une *résistance déraisonnable des salaires,* qui cependant seraient compressibles, si les ouvriers entendaient que leur véritable intérêt est solidaire des intérêts de la production.

A la question essentielle en pareil cas « Les salaires répondent-ils aux besoins de la vie ? permettent-ils des économies [et donc, lorsque besoin est, une réduction] ? » La plus grande de nos Chambres de Commerce répond :

> « En général les salaires répondent aux besoins de la vie et permettent l'économie ; mais les ouvriers, cédant à l'entraînement regrettable de l'époque se sont créé des besoins factices qu'ils satisfont au détriment de leurs besoins réels. »

Et avec cette illusion de hauts salaires, en sont-ils plus heureux ? Non, répond un rapport de préfet encore :

> « L'ouvrier des villes, moins occupé qu'anciennement, ... ayant cependant contracté des goûts auxquels ils ne peut plus renoncer, trouve à peine une compensation suffisante dans l'augmentation du prix de la main-d'œuvre : il dépense plus

qu'autrefois, mais ce n'est guère chez lui le signe d'une plus grande aisance ... »

Et la Chambre, de Commerce de Paris écrivait cette réponse en 1872, et le préfet du Mont-Blanc en 1807.

f) Tout cela est bel et bon. Mais aujourd'hui la *concurrence qui*, serrée par la diminution des prix, *exige*, bon gré mal gré, la *compression des coûts de revient, est telle que, si ces prétentions* des ouvriers *persistent, les productions* qui emploient ces ouvriers *sont menacées de difficultés insurmontables et même de disparition irrémédiable.*

N'est-ce point, d'abord, le cas pour une production comme l'agriculture cri France que certains excellents esprits déclaraient déjà artificiellement maintenue ? Comment se défendrait-elle encore, si, coincée par la baisse mondiale des prix, elle rencontre cette résistance des salaires ? Lisons cette déclaration des plus autorisées :

« La cherté des journées de journaliers et ouvriers est poussée à un point si excessif que les propriétaires qui font exploiter leurs biens n'en peuvent rien retirer, et que tout est consommé par les frais... »

... c'est l'intendant d'Auvergne qui l'écrit au roi à la date du 25 avril 1724. Mais c'est peut-être que l'agriculture, misérable, protégée, a la vie dure.

Par contre, pouvons-nous nier que des industries constituées de façon à travailler économiquement, mais seulement pour un grand marché international, ne soient par là essentiellement compromises ? Est-il cas plus typique à cet égard que celui des industries textiles anglaises, surtout lorsque cette résistance des ouvriers s'appuie sur des allocations qui, même s'ils ne travaillent pas, leur restent par ailleurs assurées ?

« Nous ne pouvons, déclarent ces industriels, faire

notre drap anglais à aussi bon marché qu'on le fait dans d'autres pays, à cause de l'étrange paresse et entêtement de nos ouvriers qui exigent des salaires excessifs... »

et la faute, ajoutent-ils, en est à l'assurance contre le chômage - pardon 1 à la loi des pauvres et à l'abondance des aumônes : car ce texte est tiré d'un pamphlet *The trade of England revived* daté de 1681. Et le développement et la prospérité que l'industrie anglaise de la laine, croyons-nous savoir, a connues dans le 18e, le 19e et même le début du 20e siècles, nous permettent à tout le moins d'étudier avec

quelque sang-froid cette menace de catastrophe, en pensant ou qu'elle est à singulier retardement, ou qu'elle n'est pas sans recours.

g) Mais enfin n'avons-nous pas présentement une menace à la fois beaucoup plus grave, beaucoup plus intimement liée à l'essence même du système dans un dernier caractère, celui-ci bien propre à notre temps, *l'excès de la rationalisation,* imprudemment préconisée et généralisé-, dans le monde, et surtout dans les pays économiquement les plus avancés : ce processus contradictoire, en effet, d'une part augmente démesurément les quantités des produits, alors que d'autre part, réduisant le nombre des ouvriers pour la même somme de produits, et donc le total des revenus du travail correspondants, il diminue pour autant les capacités d'acheter ces produits accrus :

« Jusqu'à quel point, se demande donc, un auteur posé, un collaborateur du Journal des *Débats, l'huma*nité peut-elle se féliciter de l'incroyable multiplication de ces machines qui mettent une force insensible et aveugle à la place des bras de l'homme et qui interdisent à l'ouvrier étonné la faculté de vivre du métier qui a nourri ses aïeux [et l'a nourri lui-même jusque-là] ?... »

Et un économiste réputé pour remuer des idées rénovatrices dégage en formule frappante :

François Simiand

« Tous les ouvriers qu'on ruine étaient des consommateurs »...

Seulement nous devons ajouter que ce collaborateur des *Débats* signait Charles Nodier, dans le numéro du 12 septembre 1817, et cet économiste Simonde de Sismondi, en ses *Nouveaux principes*, 1819...

Je pourrais continuer ce petit jeu avec de nombreux textes encore ; mais ceux que je viens de citer suffisent pour ce que je veux en tirer ici.

Une indication, une présomption pour orienter notre recherche sur la crise actuelle

Ces textes, et d'autres semblables dont je disposerais par surcroît, sont-ils, en effet, des preuves suffisantes que les traits caractéristiques du trouble présent se soient déjà rencontrés ? - En rigueur de bonne méthode, je dirai : Non, sans doute.

Mais sont-ils à prendre (comme certains ont fait, nous le verrons, pour tel d'entre eux qui a déjà été cité ailleurs) comme de simples traits anecdotiques ou, ainsi qu'on dit encore volontiers, de simples « curiosités historiques » ? En bonne méthode encore, je dirai : Non, pas davantage, Car, sont-ils vraiment mots du hasard ? ou s'en rencontre-t-il de tels (ou à peu près de tels) indifféremment à toute époque ?

A tout le moins, notre esprit, ouvert par eux, ne serait-ce même qu'à un doute préjudiciel, ne doit-il pas en dégager que nous devons maintenant nous poser une première question de fait :

Les traits différentiels de la situation économique actuelle sont-ils sans précédent ?

Ou sous une autre forme :

Même sous réserve d'ordre de grandeur, de degrés, de concomitants spéciaux et notables, *n'y est-il pas à reconnaître des éléments qui témoignent de quelque répétition dans l'évolution passée ?*

Et *n'est-ce pas cela même que nous devons chercher d'abord ? Car*, si

Introduction

nous trouvons quelques précédents de la sorte, un premier résultat considérable est que, par là seul, quelque apaisement de fait à nos craintes présentes devient possible. Mais mieux encore, si ces précédents venaient à nous apparaître comme étant les effets qui se répètent, de causes qui donc se répètent elles-mêmes, n'aurions-nous pas le grand avantage de tirer, de quelque interprétation de cet ordre, une attente légitime, au moins sur notre proche avenir ?

Prenons une ou deux comparaisons pour bien éclairer cette position de recherche.

- Je nous comparerais, d'abord, volontiers, aux hommes des années *avant l'an 2000,* si quelques perturbations (ou apparentes perturbations) dans la vie sociale, ou dans le cours de la nature, leur donnaient l'appréhension, et amenaient l'annonce que l'an 2000 verrait la fin du monde.

Il serait déjà de quelque effet rassurant qu'ils eussent des historiens leur apprenant que les mêmes craintes se sont produites avant l'an 1000 et n'ont pas été suivies d'effet.

Mais ce serait mieux encore, si à ces simples relations de ce qui s'est déjà passé, s'ajoutaient des connaissances de science qui permettraient de leur donner des assurances, des raisons, pour que la vie terrestre, la vie humaine doive continuer.

- Je nous comparerais encore, et plus complètement, à des êtres d'existence courte, nés au printemps, qui, à l'approche de l'hiver, sentiraient, pressentiraient cette fois quelque chose d'autre que les pluies ou orages d'été, que les courtes alternances du soleil et des intempéries pendant la belle saison. Si, de plus, quelques plus grandes intempéries s'étaient produites vers l'équinoxe d'automne, certains sans doute les accuseraient d'être la cause de ce plus grand changement menaçant. En tout cas, ils ne manqueraient sans doute pas d'en rendre responsable le gouvernement, - ceux, du moins, qui seraient alors dans l'opposition.

Ce serait un premier stade d'apaisement qu'ici encore des documents sur le passé, et des historiens pour les mettre à profit, pussent leur apprendre, sans plus, que le passage de l'été à l'hiver s'est déjà rencontré.

Et sans doute, il pourra s'y trouver aussi des théoriciens de cabinet qui fassent doctrine de préférer une égalité des saisons, un équilibre stable entre le chaud et le froid, entre le soleil et la pluie, et imaginent, que dis-je ? démontrent les conditions auxquelles cet équilibre se réaliserait sans peine et sûrement.

Cependant, un deuxième stade, plus satisfaisant et plus efficace, serait que ces êtres parvinssent à avoir une connaissance des effets et des causes leur montrant : a) que cette réalisation, même supposée désirable, serait en dehors de leur pouvoir ; b) que l'alternance de l'été et de l'hiver s'explique par des régularités de la nature ; c) et qu'au total et en tout cas, des effets féconds, progressifs, peuvent résulter et résultent déjà de cette alternance.

- Ces deux comparaisons nous montrent la voie à prendre, et à prendre d'abord.

Première partie
Un aperçu sommaire sur les fluctuations économiques à longue période

Voilà, en effet, en quel sens et avec quelle portée, si nous avons seulement soupçon que quelque précédent se soit déjà rencontré aux faits caractéristiques de la crise actuelle, notre première tâche est bien de nous efforcer à le reconnaître, et, si possible et mieux encore, à le comprendre.

Mais encore *sur quel ordre de faits,* dans l'ensemble complexe de la situation économique actuelle, porter d'abord cet effort ? Ce doit être, - pour, du mieux possible, écarter appréciation ou tendance personnelle, et éviter interprétation avant constatation, - une catégorie de faits qui se présentent et puissent s'atteindre *objectifs* et, de préférence, *numériques.*

Or, justement, ce double caractère est possédé par l'ordre de faits auquel, d'opinion commune et générale, il est attribué une importance, ou tout au moins une signification majeure, dans la crise actuelle: *le mouvement général des prix en baisse forte, impérieuse, soutenue.* De toutes façons, du reste, en nous attachant à lui d'abord, nous sommes assurés de nous placer au nœud central de fonctionnement d'un système de vie économique fondé sur l'échange, généralisé, complexe, étendu. Que pouvons-nous, à notre point de vue ici, en reconnaître ?

A. Fluctuations à longue période dans le mouvement général des prix

C'est ici que je dois tenter la première des grosses opérations de crédit auxquelles j'ai dit en débutant que j'étais contraint, par mon temps et mon cadre limités, d'avoir recours auprès de mes auditeurs et lecteurs. Les anciens participants à mes conférences de l'École des Hautes Études de Paris que j'ai eu le plaisir de retrouver dans cet auditoire de Bruxelles pourraient témoigner que je les ai, en des années entières d'études, assez longuement ennuyés par une reconnaissance patiente, minutieuse et critique de ces faits, pour que les résultats dont je vais faire ici un rappel succinct ne soient pas jugés des affirmations hâtives et « en l'air ».

Je résumerai donc ainsi l'ensemble de nos constatations dans ce cadre.

I. *Dans le mouvement général des prix, - précisons des prix de gros des marchandises, - (outre* des fluctuations courtes, les unes intérieures à l'année, les autres portant sur plusieurs années consécutives, hausses suivies de baisses, mais d'un cycle total ne dépassant pas ou guère la décade), il *existe, à travers même ces fluctuations* interannuelles et disons *intra-décennales, des fluctuations à plus longue période* disons *inter-décennales* (on a dit aussi semi-séculaires), composées de deux phases alternatives que, pour ne rien préjuger, nous appellerons Phases A et Phases B : *Phases A caractérisées par une hausse majeure ou un niveau relativement élevé, Phases B par une baisse majeure,* - hausse et baisse majeures se marquant à travers ces cycles intra-décennaux plus courts en ce que *les soldes* de ceux-ci se montrent ainsi alternativement *positifs,* Phases A, ou *négatifs,* Phases B -;

- ces fluctuations longues se succédant (et cela est assez généralement reconnu par les économistes aujourd'hui) *depuis le début du* 19e *siècle ;*

- mais je crois pouvoir ajouter, et au moins par grandes masses : *depuis le* 16e *siècle;*

- et cela dans les pays, ou ensembles de vie économique, du type dit le plus avancé, et d'autant plus que leur économie relève davantage de ce type.

II. Mais ces constatations premières et fondamentales demandent à être serrées un peu plus, et à être suivies d'autres qui y ajoutent fort utilement :

1° *Si, dans la majeure part* de notre expérience ainsi étendue, *ces grands mouvements* se montrent, dans les indices de prix des grands pays, être à *peu près les mêmes* quant au *sens*, quant aux *datations*, quant à *l'amplitude*, cependant *certaines fois ils* apparaissent, à quelqu'un de ces égards, *spéciaux à certains pays et à de certaines périodes*, par exemple

- États-Unis, période de 1860 à la décade 1870-80
- France, Grande-Bretagne, États-Unis (et avec différences respectives), d'avant 1790 jusqu'autour de 1815-20 ;
- et beaucoup de pays, dans la période récente de la grande guerre et depuis (cela est bien connu, pourvu toutefois qu'on y considère bien les prix effectifs propres à chacun de ces pays, c'est-à-dire exprimés dans la monnaie *effectivement* pratiquée en chacun d'eux et qui, jusqu'à due interprétation, est *la réalité* économique et sociale immédiate);

2° Des *différences notables* ne laissent pas d'être observées, aux divers égards notés, *entre les mouvements des prix des diverses marchandises, des divers groupes de produits*, selon l'espèce, selon l'origine, etc. ; mais cela met en évidence l'existence d'un fait distinct (le ces mouvements diversement spéciaux : l'existence d'un mouvement global propre des prix, avec les caractères que nous venons de dire;

3° Les indices qui viennent de nous servir à le reconnaître ne comprennent guère non seulement que des prix de marchandises et de gros, mais que des *matières premières ou des demi-produits* tout au plus. Il importe de considérer encore :

a) d'autres catégories de prix des marchandises : prix des *produits fabriqués*, des *produits finis* ; prix de *demi-gros*, prix *de détail* ;

b) les prix d'autres catégories de biens, et notamment des *biens*

Première partie

matériels immobiliers, terres, maisons, etc. ;

c) et ceux des *biens immatériels,* et *tout* spécialement des *valeurs mobilières.*

Or, les prix de toutes ces catégories, considérés respectivement en des expressions globales représentatives, *marquent semblablement des mouvements globaux à longue période* et *par phases à peu près correspondantes :*

- surtout quant au *sens majeur (ou* du moins quant à une opposition nette de caractère majeur entre Phase A et Phase B);

- mais avec des *différenciations régulières* respectives : a) pour le *commencement* et la *fin* des phases (le plus souvent en décalage sur le mouvement du prix de gros des matières premières, qui paraît ainsi « mener le train») ;

b) dans *l'amplitude* (en général moins forte);

c) et en outre selon certains traits propres à telle ou telle de ces catégories.

III. Mais de ces compléments et de ces différences il nous apparaît d'autant plus significatif de pouvoir dire en *Résumé global de foules ces constatations :*

Les expressions monétaires des valeurs des biens économiques, ou prix, marquent, dans l'évolution moderne et contemporaine, de grands mouvements d'ensemble interdécennaux, laits de Phases alternantes opposées :

Phases A (hausse majeure ou niveau relativement élevé), qui se situent (en remontant) :

- de la fin du 19e siècle jusqu'après la grande guerre (nous réservons provisoirement de préciser ce dernier terme, pour ne pas préjuger) ;

- du milieu du 19e siècle aux années 1875-80; d'avant 1789 aux années 1815-1820;

- (sauf compléments d'informations et sous-décompositions éventuelles) du commencement du 16e siècle au milieu environ du 17e siècle ;

Phases B (baisse majeure, ou, en tout cas, *différenciation* nette d'avec le caractère majeur de A), qui se situent entre ces phases A (et probablement aussi dans la fin du 15e siècle, commencement non précisé).

Et voilà déjà qui accroche notre attention sur telles et telles ressemblances, qui vraiment « sautent aux yeux », avec des faits récents bien connus : mais, avant d'utiliser en ce sens ces constatations, nous devons encore reconnaître *en fait,* d'abord, si ces mouvements de prix paraissent avoir des concomitants en d'autres ordres de faits.

B. Fluctuations à longue période en de nombreux ordres de faits

Ici se présente la deuxième, et plus grosse encore, des opérations de crédit, que je suis contraint de tenter auprès des auditeurs et lecteurs. Pour ne rien préjuger en effet, une méthode objective nous met en devoir de faire cette recherche des concomitances possibles par une *Revue systématique de tous les ordres de faits qui peuvent, à* quelque égard, *être soupçonnés de quelque relation,* directe ou indirecte, *avec le mouvement des prix.* C'est dire que, dans notre cadre de temps ou d'exposé ici, un compte rendu de ces recherches ne peut guère procéder que par une énumération sommaire, affirmative ou négative, des résultats aperçus ; mais ici encore je ferai appel au souvenir que les participants à mes conférences des Hautes Études de Paris peuvent avoir gardé de nos années d'investigation détaillée et critique, appliquée justement *à* cet objet, pour demander ici à nos auditeurs et lecteurs d'admettre, à tout le moins, que ces résultats ne sont pas formulés sans quelques fondements et quelques preuves, encore que je sois bien empêché de les rapporter ici.

Parcourons donc, dans ces conditions et en cet esprit, les résultats de cette Revue systématique. Le fait majeur, dominant, qui nous y apparaît est que *de très nombreux ordres de faits présentent,* dans ces mêmes cadres de temps et de pays, *des variations à longue période* de ce même type.

Première partie

I. Cela nous apparaît, d'abord, même pour *quelques catégories de* faits non économiques :

Non pas tellement, à vrai dire, pour les *faits d'ordre technologique* (inventions, procédés, etc.) comme tels, - ainsi que souvent on s'empresse de le supposer, - (comme tels, ils se montreraient, du moins dans leur retentissement sur la production, beaucoup moins initiateurs de l'évolution économique que commandés par elle);

- ni, moins encore, pour les *régimes politiques,* comme tels (encore qu'ils portent volontiers, dans l'opinion, la peine ou le mérite des vicissitudes économiques dont ils sont contemporains ou antécédents, et combien peu, cependant, les auteurs effectifs, dans le sens favorable comme en l'autre) ;

- ni même pour les *faits démographiques* comme tels ;

Mais davantage

- pour *certains mouvements sociaux,* de partis, de doctrines (il s'en marquerait plus, et de plus violents, dans les phases B) ;

- pour certains *faits de moralité, ou* plutôt de délinquance, et spécialement de délits économiques (il s'en produirait relativement moins en phases A, et plus en phases B) ;

- peut-être aussi pour tels grands mouvements dans les relations humaines, grandes migrations, *grandes guerres* (celles-ci se rencontreraient plutôt en phases A).

Mais cette correspondance, si elle était poussée et confirmée, apparaîtrait sans doute s'établir, avec les mouvements économiques, plus médiate qu'immédiate, ou encore par des antécédences communes plutôt que par influence directe; ou enfin montrerait ces autres faits plutôt conditionnés par les faits économiques que les conditionnant.

II. Dans les faits économiques, il ne nous apparaît guère de catégorie qui, dans le cadre des évolutions de type avancé, ne participe à ces fluctuations. Mais alors la question à lier aussitôt à cette reconnaissance est de viser à constater, *en lait aussi,* pour chacune de ces catégories considérées, si cette fluctuation apparaît initiale et se suffisant, ou au contraire dérivée et conditionnée, et par quoi.

Considérons-nous d'abord *l'anatomie économique*, ou constitution de l'organisme économique ? - Pour *celle du système économique* lui-même, il semble bien que, - si le trait majeur, en évolution avancée, en est bien l'extension du système d'échange complexe, échelonné, - cette extension soit d'accélération moindre en phases A, et augmentée en phases B.

La *proportion des activités industrielles augmentant* par rapport aux activités agricoles, - également trait caractéristique des économies de type avancé, - se montrerait plutôt en phases B, et non pas, ou moins, en phases A.

Les divers *régimes de la production* rencontrés dans ce cadre, depuis la corporation, l'artisanat, l'exploitation paysanne, jusqu'à l'entreprise individuelle, sociétaire, et à ses développements et complications en ententes industrielles, cartels, trusts, etc., se présentent fort Curieusement en extension simultanée (bien qu'à des degrés divers) en phases A; au contraire, en phases B, il se marquerait entre eux une sélection différentielle, régression des types anciens, extension des types nouveaux et plus « économiques ».

Les changements dans les *formes de la production*, qui passent pour caractériser les économies avancées, - augmentation de la grandeur des entreprises, concentration technique, extension et intensification du machinisme, - nous apparaîtraient non tellement marqués sur l'ensemble ou en moyenne en phases A, mais, par contre, d'une réalité bien effective, croissante, et se généralisant en phases B.

Passons-nous aux organes de la répartition ? La distinction des *classes* par des traits économiques, et spécialement la constitution d'une *classe ouvrière*, salariée, en extension, en durabilité, - traits communs des économies avancées, - se montreraient nettement effectives, accélérées, en phases B, moins marquées, ou contrebalancées par d'autres mutations, en phases A. - Les institutions à rôle majeur de répartition, et, entre toutes, les *associations de salariés*, temporaires, durables, *syndicales*, se présenteraient en un développement et avec des caractères différenciés entre les phases A et les phases B.

Première partie

Mais ces diverses participations des organes de la vie économique à cette évolution par phases différenciées alternatives ne nous arrêteront pas davantage, parce qu'elles ne paraissent pas nous présenter en elles un mouvement initiateur ou se suffisant, mais se montrent au contraire conditionnées plus que conditionnant.

III. Attachons-nous donc davantage aux *faits de fonctionnement de la vie économique*.

Dans le fonctionnement de la production des grands ensembles, par grandes branches, nationaux, mondiaux, que nous considérons, atteignons-nous d'abord *les mouvements* du « chiffre d'affaires », comme nous dirions pour une entreprise, ou *des valeurs globales produites* ? Il « saute aux yeux » que, dans leur variation au total fortement croissante, se distinguent des phases bien différenciées, Phases A, d'accroissement accéléré, Phases B, d'accroissement atténué, parfois de régression. Puis, soit directement, là où des données distinctes nous permettent d'atteindre séparément les deux facteurs de ce produit, soit par confrontation avec le mouvement des prix plus haut reconnu, nous voyons ces variations de valeurs globales s'analyser, d'une part, en cette fluctuation à longue période des prix déjà indiquée, et, d'autre part, en un *mouvement des quantités physiques* différencié aussi, mais autrement, selon ces phases : hausse notable, mais relativement modérée en nos phases A, et augmentation fort accélérée (du moins après un temps de contraction) en nos phases B ; - ce dernier trait étant surtout poussé dans la production industrielle, mais marqué aussi dans la production agricole.

Voulons-nous maintenant, -ainsi que fait l'examen économique d'une entreprise, lorsqu'après avoir vu le mouvement du chiffre d'affaires, elle passe à l'analyse des éléments économiques de sa production, de es coûts de revient par rapport à ses prix et recettes de vente, - regarder aux grands *éléments et facteurs de la production et des prix* en ces ensembles ?

D'abord, pour toutes les activités industrielles ou commerciales (et même, dans une mesure croissante, agricoles) qui se situent entre des achats de matières premières ou moyens ou marchandises destinés à transformation, opération ou transaction, d'une part, et des ventes de produits ou marchandises en résultant, d'autre part, rappelons-nous que les prix (le ces diverses catégories à ces divers stades nous ont paru présenter des mouvements liés et caractérisés selon les phases A et les phases B, mais différemment décalés, proportionnés ou orientés selon ces phases : c'est dire que ces activités sont respectivement encadrées ainsi dans un jeu complexe de resserrements ou coincements relatifs, suivis de décompressions et expansions. Ce jeu sans doute se définit et se date diversement pour ces diverses catégories d'activités et d'opérations ; mais pour toutes, en constituant le cadre majeur ainsi imposé à leurs possibilités de fonctionnement économique, il se trouve, par là même, nous montrer ce fonctionnement caractérisé et commandé, diversement selon les divers cas, mais d'ensemble pour tous, par ces alternances initiales dans le mouvement des prix de la catégorie qui « mène le train ».

A l'intérieur de chacun de ces cadres d'opérations productrices, les *éléments économiques du coût de revient et du prix* qui y correspondent respectivement à ces opérations, se trouvent aussi marquer des alternances de décompression et expansion en Phases A, et de resserrement en Phases B. Notamment et d'abord, la part du coût qui correspond au travail d'exécution, au travail ouvrier, disons en propre le *coût de la main-d'œuvre (par* opération, par unité produite), se montre, en Phases A, augmenter non pas peut-être tout de suite, mais nettement dans l'ensemble, et plus même que le salaire-gain (par ouvrier et par unité de temps), mais toujours cependant moins que le prix du produit. Par contre, en Phases B, il se rabaisse sinon tout de suite, du moins et de façon croissante sur l'ensemble de la phase, mais beaucoup plus que le salaire-gain (lequel se maintient ou baisse peu, et beaucoup moins que le prix du produit) : et ce résultat paraît tenir, d'une part, à une utilisation meilleure, plus économique, de la main-d'œuvre, d'autre part, et petit-être davantage, surtout dans l'industrie, à l'addition (ou même substitution pour partie) au travail humain d'autres agents, et notamment à une accélération (que nous avons déjà remarquée, dans les formes de production, être fort accentuée en phases B) de tous les processus réunis volontiers sous le vocable de mécanisation de la production.

La part des moyens de transformation qui représentent ou

Première partie

impliquent du capital se montre en développement relativement moins poussé en phases A, - *où le coût du capital* est relativement plus cher, - et beaucoup plus accentué en phases B, - où ce coût devient moindre.

La part du prix qui correspond à la direction de la production (c'est-à-dire, à l'unité, le *profit par unité de produit*) se montre, autant qu'on peut l'atteindre et la dissocier assez valablement, présenter un mouvement, en somme, semblable par ses caractères et ses alternances à celui du coût de la main-d'œuvre, mais le présenter plus tôt et plus fort dans les deux sens : en phases A, expansion immédiate et forte, selon les décompressions en chaque cadre, et sans effort majeur, semble-t-il ; en phases B, compression, suivant de près celle du prix, mais non pas, au total, plus que proportionnelle, et correspondant, sur l'ensemble de la phase, à une augmentation de productivité et de production qui, avec, en outre, réduction du nombre des participants, paraît aboutir à maintenir beaucoup davantage le profit non plus par unité de produit, mais par personne patronale.

IV. Du fonctionnement économique par la face de la production, passons-nous à ce *fonctionnement par la face de la répartition* ? - La *richesse* soit *en patrimoines* soit *en revenus*, - *revenus* des propriétés, revenus du travail, revenus mixtes, - nous présente, dans les évolutions économiques de type avancé et progressif, un développement qui d'ensemble est augmentation, mais en un mouvement régulièrement différencié en phases interdécennales alternantes de deux sortes respectives; et ces phases correspondent en gros, quant aux temps, à celles que la face de la production nous a fait reconnaître.

Ces caractères se constatent soit sur les totaux de ces patrimoines ou de ces revenus par grands ensembles, soit en leurs expressions unitaires (et notamment les taux de rente, de capitalisation, d'intérêt, etc.) ; et, plus remarquablement encore, les salaires par personne ouvrière, les profits par personne patronale, haussent de façon majeure et soutenue en Phases A, se resserrent plus ou moins fort, mais se défendent et parviennent à un maintien relatif semblablement, bien que par des moyens différents, en Phases B.

François Simiand

De ces ressources en patrimoines et en revenus, les emplois, distingués en leurs grandes catégories économiques, se marquent aussi en une évolution qui se différencie par phases alternatives, de caractères respectivement opposés : soit qu'on regarde à l'emploi en réserves ou en utilisations productives, en capital prêté, investi, soit qu'on s'attache à l'emploi en achats de consommation, et spécialement aux facteurs qui s'expriment à ce point de vue dans ce qu'on appelle souvent le coût de la vie, et dans ce qu'on doit discerner aussi utilement, sinon plus, comme le genre de vie, les habitudes de vie (standard of life, etc.), - on peut apercevoir ces fluctuations alternantes respectives ; notamment on reconnaîtra, en Phases A, des augmentations globales de toutes les sortes d'affectation à la fois, et, en Phases B, après un temps de contraction, des affectations différentes de conditions, mais augmentées encore. Mais si ce sont bien là des liaisons, - à vrai dire plus complexes qu'on ne se contente souvent de les présumer, -avec les mouvements généraux des prix, elles se montrent conditionnées par ceux-ci et non initiatrices.

D'ensemble, des traits objectifs nous font voir que, si toute la face de la répartition participe ainsi de ce développement par phases reconnu d'abord en la face de la production, les mouvements y sont initialement commandés par ceux de la face production ; et même si les effets produits en Phases A dans la face de la répartition deviennent, en Phases B, facteurs causants de ce qui s'y manifeste tant dans la face de la production que dans celle de la répartition, le passage de phases A en phases B n'est pas cependant déclenché par leur fait.

V. Nous arrivons donc aux faits de fonctionnement général de la vie économique, cherchant encore le « primum movens » de cette évolution alternante rencontrée dans la face de la production, puis dans la face de la répartition, mais y apparaissant jusqu'ici commandée par une alternance de phases dans le mouvement général des prix qui, elle, ne nous est encore pas expliquée. Dans ce fonctionnement général, les liaisons de l'économie publique avec l'économie privée, les rapports et les contre-coups des mouvements dans les finances publiques sont assurément à prendre en considération : assez curieusement, dans le déroulement respectif et relatif de leurs facteurs principaux, si nous le suivons sur des

Première partie

ensembles caractéristiques et sur un temps d'observation assez long, il semble bien apparaître, ici encore, une différenciation alternée de phases d'une sorte et de phases d'une autre sorte, qui correspondent en gros à celles du développement de l'économie privée, mais à vrai dire paraissent bien être conditionnées par celles-là plus qu'elles ne les conditionnent elles-mêmes (sauf quant à certains faits monétaires où nous arriverons plus loin).

Un autre ordre de faits de fonctionnement général, les relations économiques entre les divers ensembles nationaux, et la politique économique y afférente, se différencient également, si on y regarde assez largement et sans doctrine préconçue, en phases plutôt d'une sorte et phases plutôt d'une autre, à peu près selon les temps de celles que nous venons de reconnaître. Le développement des échanges internationaux, très considérable dans l'ensemble, et plus marqué dans l'évolution des groupes économiques les plus avancés, s'analyse toutefois : en mouvement de valeurs unitaires, autant et plus que des quantités, en Phases A; en mouvement, à la longue, accéléré des quantités (alors que les valeurs unitaires baissent) en Phases B. Et la politique de ces échanges témoigne, en Phases A, de facilités plus ou moins poussées, en Phases B, de resserrements et de défenses renforcés (sous réserve qu'elle soit tellement suivie, en l'une et l'autre phase, des effets visés). Mais, manifestement, des traits objectifs nous montrent ces faits plus conditionnés que conditionnant.

Nous passons aux faits encore plus généraux des *relations entre les productions el les emplois de ces productions*, telles que réalisées en résultats effectifs dans notre économie d'échange. Nous constatons une alternance de phases non seulement intra-décennales, mais (à travers celles-là) interdécennales, où nous trouvons : en phases de première sorte, les réalisations de production dépassées ou devancées par les appels d'emploi; et en phases de seconde sorte, les disponibilités de production dépassant ou devançant les acceptations d'emploi; cela du moins, en tendance ou caractéristique majeure sur l'ensemble de la phase de l'une ou de l'autre sorte. Et le passage de, la première à la seconde marque une crise de fluctuation interdécennale d'une gravité et d'une longueur caractéristiques.

Mais si ces alternances de dépassements, ou, si l'on veut, ces successions de déséquilibres, en un sens, puis en un autre, semblent caractériser ce fonctionnement économique du type le plus avancé, d'où procèdent donc, au départ, ces alternances elles-mêmes ?

Il nous reste à considérer un grand ordre de faits, très important, du fonctionnement général en système économique de ce type : les *laits monétaires;* et, on le voit, nous y aboutissons par la suite même de notre revue systématique, sans idée ni théorie préconçue. Pour nous garder encore davantage de préconceptions même inconscientes, abordons-les par quelque atteinte objective numérique, mais cependant susceptible d'être assez significative pour leur rôle possible en ce système d'échange - n'est-ce point la quantité de ces moyens monétaires que nous devons à cet effet viser à reconnaître et suivre, au moins en expressions relatives comparables ? Totalisons, par exemple, dans le cadre d'un grand pays sur un siècle ou plus, aussi continûment que possible, les moyens monétaires à y reconnaître en existence effective (moyens monétaires à base de métal précieux, ou, selon les temps, moyens monétaires non convertibles; moyens directs et moyens indirects, espèces, billets, disponibilités en compte) : en regardant aux mouvements respectifs de ces divers ensembles, et tenant compte des vitesses de circulation et d'autres éléments encore, autant qu'il nous est possible, nous ne pouvons qu'être frappés et de leur augmentation globale considérable sur toute la période, et de l'alternance, en ce mouvement, de phases à forte accélération et de phases à accélération atténuée (non de régression) qui, du premier coup d'œil, correspondent assez bien, les premières, à nos phases A, les secondes, à nos phases B du mouvement des prix.

Calculons, en gros, dans le cadre de l'Europe occidentale depuis le 16e jusqu'au 19e et 20e siècles, le stock cumulatif des métaux précieux à sa disposition, en apportant corrections nécessaires, et suffisantes, pour usages non monétaires, sorties, pertes, etc. Nous trouvons encore ici, en un mouvement d'ensemble fortement croissant, une distinction et opposition nette entre Phases A, caractérisées par une accélération accrue, et Phases B par une augmentation atténuée.

Considérons des ensembles à conditions monétaires spéciales pour un temps : les États-Unis, pendant la période dite des Greenbacks, 1860-1879; la Grande-Bretagne, la France, au tournant du 18e

Première partie

siècle au 19e siècle, notamment en période d'in convertibilité pour la première, de circulations monétaires fort différenciées (assignats, mouvements de métaux précieux) pour la seconde. Mêmes oppositions de phases, et mêmes correspondances respectives avec les mouvements généraux des prix qui ont été signalés plus haut propres à ces ensembles en ces périodes. Et je ne pense pas être contredit par M. Harsin en ajoutant que probablement mêmes constatations et mêmes correspondances pourraient s'attendre d'une étude, plus poussée qu'elle n'a été faite jusqu'ici en ce sens, du système de Law dans le cadre de la France, 2e et 3e décades du 18e siècle...

Une *correspondance* donc nous apparaît comme un fait répété, manifeste, varié de circonstances, et cependant toujours retrouvé en ses traits essentiels, *entre le mouvement des moyens monétaires et celui des prix* (et spécialement d'abord celui des prix de gros des marchandises qui, nous l'avons vu, mène le train); - et cela est assez accepté aujourd'hui, au moins en ce sens de hausse, mais nous y ajoutons les éléments suivants souvent non aperçus ou non retenus.

1° D'abord nos constatations valent pour *moyens monétaires non convertibles,* comme pour moyens à base de métal précieux, pour moyens indirects comme pour moyens directs.

2° Puis, et ces constatations à la suite sont cardinales pour l'interprétation :

a) Si relation il y a entre mouvement de moyens monétaires et mouvement des prix, des *antériorités manifestes du premier sur le second* pour l'ouverture des phases A comme des phases B, un décalage notable (de l'ordre volontiers de plusieurs années), marquent sans conteste et le sens de la dépendance, et qu'elle n'apparaît pas immédiate, automatique ;

b) Quant à l'ordre de grandeur des hausses en Phases A, celle des prix apparaît toujours *notablement moins que proportionnelle* à celle des moyens monétaires: ce qui implique donc, dans l'équation d'échange bien connue, une augmentation des éléments q ou quantités des biens échangés, en même temps que des éléments v ou prix (sauf en un cas, celui par exemple de la période finale des assignats en France, où les prix augmentent plus *vite* que ces moyens monétaires) ;

François Simiand

c) Mais, si cette liaison existe en phases A, elle *n'est pas réversible*: en phases B, qui pour les moyens monétaires se caractérisent seulement par une augmentation atténuée, c'est une baisse nette et soutenue des prix (et non simplement une hausse atténuée) qui correspond ; et l'équation d'échange implique donc alors une augmentation encore beaucoup plus forte des quantités échangées.

VI. Résumons nos constatations de cette section avec celles de la précédente : Tous *les grands ordres de faits économiques* (et même certains non économiques) atteints dans les cadres étudiés, qui sont cadres de l'évolution économique la plus avancée, *présentent un développement par phases longues, interdécennales, alternatives,* disons, pour ne rien préjuger, *Phases A, Phases B, différemment définies* parfois *selon les ordres de faits,* mais *semblablement opposées en répétitions alternées, et se correspondant en gros,* entre ces divers ordres de faits, *quant aux datations* et *quant à l'alternance des caractères propres* respectivement à chacun pour l'une et pour l'autre sorte de ces phases. (On peut maintenant apercevoir que nos indications anecdotiques de ci-dessus se situent bien de façon respectivement correspondante dans des phases homologues pour des traits homologues.)

Par une observation plus précise, de plus, les antériorités et d'autres traits objectifs montrent, *en* lait, que, s'il y a *dépendance entre ces mouvements, le mouvement général des prix* (et spécialement des prix de gros des marchandises) *paraît être antécédent régulier,* en l'une et l'autre sorte de phases, des autres mouvements de production, de répartition et de relations économiques, mais qu'à *ce mouvement, général des prix lui-même apparaît en antécédent régulier* aussi *la variation dans le taux d'augmentation des moyens monétaires.*

Seulement, il nous apparaît en fait aussi, et en même temps, que ces dépendances, si telles dépendances il y a, ne sont ni immédiates, ni simples, ni proportionnelles, ou encore ni mécaniques ou automatiques, ni réversibles. Elles appellent donc, avant d'être admises et comprises, un effort pour reconnaître *comment il est passé de cet antécédent premier à ce conséquent majeur d'abord, et à ces autres conséquents ensuite encore.*

Première partie

C. Esquisse d'une interprétation en partant de notre antécédent monétaire

Je ne puis toutefois aborder ici cette tâche nouvelle qu'en faisant appel à une troisième et grosse encore opération de crédit. Quand je me suis appliqué à donner utilement cet effort que nous voyons indispensable pour relier, analyser, interpréter les séquences brutes d'abord observées dans les faits, je me suis imposé de procéder par reconnaissances et inductions successives, longues, détaillées, par examen critique des diverses voies d'interprétation à considérer à chaque étape, dans chaque liaison soupçonnée, et de n'aboutir que par cette discussion et élimination successive aux résultats finalement retenus. Or, tout ce processus effectif d'élaboration doit être, dans nos limites de temps et d'exposé ici, remplacé par une présentation en bloc et d'emblée, schématique et globale, seulement de ces résultats terminaux. Je ne puis donc que prier l'auditeur et le lecteur qui ne veut pas (et légitimement certes) croire sur apparence d'affirmation avant preuve, de se reporter à la présentation que j'ai pu développer ailleurs selon la marche réelle, à la fois expérimentale, critique et progressive, qui nous a conduit à cet aboutissement synthétique.

Esquisse d'interprétation, Phases A. - Partons donc ici du fait, observé dans ces phases, d'une *augmentation forte du taux d'accroissement des moyens monétaires dans un ensemble économique donné: et d'abord des moyens monétaires en métal précieux ou à base de métal précieux.* (Pour la commodité et la clarté, nous distinguerons ici le cas de l'accroissement en moyens monétaires non convertibles, mais non démesuré, en disant *Phases A'*, et celui de l'accroissement démesuré de moyens monétaires non convertibles, en disant *Phase A».)* Comment voyons-nous, en fait, que ces moyens fondés en métal précieux entrent (selon l'heureuse expression du *Bullion report)* « dans les canaux de la circulation » ?

a) Plaçons-nous, premièrement, dans un *pays non propriétaire de mines de métaux précieux, et ne bénéficiant pas non plus d'apports « extra-économiques » de ces métaux* précieux, c'est-à-dire ne recevant pas cette augmentation de métaux précieux comme une « manne économique ». Cet apport nouveau ne peut y entrer que moyennant une contre-partie, qui est quelque opération économique de ce pays avec l'extérieur et laissant une solde positif ; et en fait, de plus, cette opération se réalise sans doute par une institution bancaire ou tout au moins par son entremise.

Pouvons-nous penser qu'ainsi acquis, ainsi introduits, ces métaux précieux vont être employés par de tels introducteurs, dès l'abord, en dépenses de consommation, d'ostentation, de luxe stérile ? Non sans doute ; mais bien plus sûrement des introducteurs de cette catégorie, et disposant de cet apport par cette origine, vont en chercher un emploi productif, reproductif. De préférence sans doute, avec les facilités ainsi largement constituées, un tel emploi va être cherché dans les branches de production à processus plus long, productions de matières premières, productions de moyens de production, où les avances nécessaires, plus longues à récupérer, appellent davantage des moyens d'attente, mais aussi et pour autant avec récupération ultérieure plus profitable. - Ces facilités donnant cette impulsion à de telles productions y amènent un entraînement qui va bientôt croissant, une concurrence d'émulation qui, avec ces soutiens, travaille en confiance croissante aussi. Le mouvement s'étend aux productions de deuxième, troisième transformation, pourvu qu'avec ces soutiens aussi, elles aient moyens d'attente, et confiance d'attente, qui y trouvent fondement et appui. - D'où, à échelons successifs, mais en mouvement d'ensemble croissant : augmentation des commandes, et tout à la fois augmentation des prix, différenciée entre les stades, mais répercutée et d'ensemble se généralisant. Ce courant de hausse des prix, au lieu d'enrayer, accélère le mouvement ; car la perspective qu'elle ouvre de résultats avantageux au producteur, et aussi de prix ultérieurs plus hauts encore, ne peut que faire se presser l'acheteur (surtout s'il a lui-même perspective de récupération égale ou même supérieure) : la hausse entraîne la hausse.

La poussée d'activité productrice augmente et s'étend d'autant plus qu'entre tous les revenus, ce sont les profits qui augmentent d'abord et fortement en ce processus. Car : - 1° les éléments du coût de production ou de transformation n'augmentent pas tout de suite. - 2° Les débouchés sont facilités aussi par ces moyens

Première partie

d'attente largement dispensés, du moins tant qu'il s'agit de passage en des économies de 2e, 3e échelons, industries, ou commerces, appelées à revendre encore elles-mêmes ce qu'elles achètent, et qui, à condition qu'elles soient ainsi soutenues, achètent encore et même davantage à prix plus hauts, pourvu qu'elles croient à la hausse générale et durable, et donc pouvoir revendre à prix correspondants ou même avec avantage, et qu'elles aperçoivent la possibilité de continuer ainsi avec ce rythme leurs opérations.

Mais le déroulement de ce processus n'est pas sans rencontrer des limitations. - 1° Les éléments importants du coût de revient, le coût de la main-d'œuvre, l'intérêt des capitaux, ne laissent pas de prendre la hausse à leur tour, il est vrai maintenue, semble-t-il bien, dans une proportion telle que la marge des profits (en montants et en quotités) reste encore plus grande qu'elle n'était avant l'entrée en hausse. - 2° Un resserrement des débouchés peut s'apercevoir à mesure qu'on approche de la vente aux consommateurs terminaux, qui n'ont pas, eux, de perspective de récupération ; sauf que, en contrebalancement à ce stade même, vont intervenir bientôt les facilités d'acheter plus cher qui procèdent des revenus eux-mêmes accrus.

D'où il ressort que ces limitations, elles-mêmes ainsi limitées, n'empêchent pas la poussée profitable de continuer, et de plus en plus largement répartie, tant que dure la condition provocatrice initiale : l'augmentation accrue des disponibilités monétaires et créditrices.

b) Plaçons-nous maintenant dans le cas d'une augmentation extra-économique de métaux précieux, à disposition publique ou privée (conquête, indemnité de guerre ou autres, transferts ou appropriations, sans contre-partie économique proprement dite). - En sera-t-il fait emploi en achats de consommation ? Peut-être d'abord ou pour une part, et sans doute à prix volontiers accrus, par facilités à la dépense de ce qui n'a rien coûté, par esprit de faste, sinon de gaspillage, qui accompagne souvent les bénéfices gratuits. Mais déjà il apparaît que, pour répondre à cette demande avantageuse, des productions déjà existantes seront orientées sur l'échange et bientôt des productions en plus, accrues ou nouvelles, seront incitées, C'est dire que les moyens monétaires nouveaux, même dépensés en prodigue, ne tardant pas à passer, et justement par là, en des économies productrices moyennant contre-partie économique, recevront sans doute en celles-ci non pas emploi de prodigue encore, mais emploi productif ou reproductif. Il n'est pas exclu, du reste, que les bénéficiaires initiaux eux-mêmes soient orientés aussi, au moins pour une part, sur de tels emplois. Ainsi, on le voit, soit indirectement soit même directement, ce deuxième cas se ramène bientôt au premier.

Phases A'. - Arrivons maintenant au cas d'une *augmentation des quantités de moyens monétaires non convertibles, et d'un accroissement de ce taux d'augmentation, mais non pas démesuré* toutefois. Ce cas se rencontre: 1) soit pour des objets extra-économiques, ou par des besoins de politique intérieure, ou extérieure, - dépenses publiques dépassant, pour quelque raison, les ressources utilisables d'impôt, de recettes régulières, ou d'emprunts -; 2) soit pour des objets économiques (cas bien connus, par exemple, de pays en développement, en difficultés économiques temporaires, etc.).

D'abord, surtout dans le premier cas, on peut penser que les moyens monétaires nouveaux sont appelés et employés principalement pour dépenses (directes ou indirectes) en biens de consommation, et à prix assez aisément ou assez forcément consentis plus hauts. Mais bientôt, et par cela même, ils auront effet d'incitation sur la production (comme ci-dessus A, b), accrue ou nouvelle à cet effet ; soit même, bientôt encore, ils auront emploi direct, systématique et nécessaire, en avances pour cette production à accroître ou à mettre en train en des conditions et quantités nouvelles, c'est-à-dire emploi en moyens de production, avec encore l'attrait sans doute de prix plus élevés, mais en même temps augmentation effective et des produits et des moyens de produire. (Citons d'un mot : l'exemple des fabrications de guerre ; celui de bien d'autres productions intérieures incitées, accrues, fondées, en nombre de pays pour remédier à l'isolement ou aux modifications survenues du fait de la guerre ou de ses suites). - Encore davantage ces derniers caractères se rencontrent-ils sans doute dans le cas 2, où évidemment l'objet économique le plus

Première partie

souvent visé est de placer on replacer les activités économiques (ou telle activité économique) de la nation en des conditions meilleures, c'est-à-dire, à l'ordinaire, en conditions de production et de productivité accrues.

Ainsi, de façon indirecte ou directe, différée ou immédiate, mais semblable et de plus en plus générale, nous voyons se présenter avec cette augmentation de moyens monétaires non convertibles les mêmes traits économiques qu'avec celle des métaux précieux, et les mêmes consécutions : Hausse des prix sans doute, mais d'accélération moindre que celle du total des valeurs produites (puisqu'il y a produits accrus ou nouveaux, et donc augmentation des quantités physiques des produits), et moindre donc aussi que celle des moyens monétaires; Hausse des revenus selon les mêmes ordre et proportion, profits d'abord et davantage, puis salaires aussi et d'autres encore (de ceux toutefois qui participent assez directement de la production économique et de ses résultats) ; et par suite possibilités d'emploi de ces revenus accrues aussi, soit emploi de consommation soit aussi emploi en moyens de produire.

Je n'ignore pas qu'il est volontiers de style pour des économistes ou « publicistes » que souvent, à vrai dire, nous reconnaîtrons comme des compétences « de la onzième heure », de dénoncer en ce cas ces résultats comme « factices ». Mais que ne le font-ils aussi pour le cas des résultats tout semblables observés en augmentation d'accroissement de moyens monétaires à base de métal précieux ? Et que s'ils le font aussi, est-ce donc, dans l'un et dans l'autre cas, résultats factices que les biens effectivement produits, en nature et en quantité nouvelles (et quel qu'en soit l'emploi ensuite, destructif, conservatif, etc.) ? résultats factices, que les cultures nouvellement foncées, les usines nouvellement construites ou nouvellement équipées ? Résultats factices, les changements survenus, en telle période, dans les diverses catégories de revenus et dans leur situation ou variation relative ? Et même plus, est-ce seulement résultat factice, et non pas résultat bien réel et de conséquence manifestement à la fois grande et durable, que le simple changement de ces revenus en leur expression monétaire, s'il est de plus en plus, et sous nos yeux mêmes, vérifié par les faits que cette expression monétaire est bien une réalité, de certaine sorte bien effective, une réalité sociale, d'une importance objective bien établie et qui, une fois entrée en vigueur, se montre bien n'être pas réversible « in integrum » ?

Phases A». - N'oublions pas, il est vrai, que nous avons aussi les cas d'une *augmentation de ces moyens monétaires non convertibles* que nous pouvons dire *démesurée,* et qu'alors nous trouvons une augmentation des prix devenant plus accélérée que celle de ces moyens monétaires. Le développement de ces moyens aboutit à cette extrémité en des cas où il se trouve entraîné à des augmentations d'une accélération trop rapide, et surtout (il semble bien que ce soit l'élément ici différentiel et décisif) d'une raison ou occasion *imprévisible;* par cette imprévisibilité, en effet, l'emploi et le remploi économiques de ces moyens deviennent de plus en plus aléatoires, et par suite la production sérieuse se rétracte, les quantités se resserrent; et en même temps, et par là même, la dépréciation de cette expression monétaire s'accroît hors de toute prévision aussi, et en accélération sans mesure.

Il est d'autant plus remarquable cependant que, même en ce cas, nous puissions encore constater des traces non douteuses de séquences liées à une telle augmentation et qui rappellent celles des augmentations en cas A ou A'.

Deux différences cependant entre le cas A et les cas A' et A». - *Cependant* nous apercevons aussi Maintenant, et ne devons pas méconnaître, qu'il existe des différences, deux principales au moins entre l'augmentation des moyens monétaires à bas-, de métal précieux et celle des moyens non convertibles :

1° La première est que ceux-ci, à l'ordinaire, ne laissent pas d'être mis en comparaison avec les monnaies (ou telle monnaie) à base de métal précieux : - comparaison faite par l'étranger et entraînant (par le fait même de la limitation de validité légale de ces moyens) un coefficient, tout normalement, de limitation aussi, puis, volontiers, de diminution, de l'estime qui en est faite ; -comparaison aussi à l'intérieur du pays même, soit en cas de circulation convertible juxtaposée, soit, et plus généralement, par retentissement de l'appréciation ou plutôt de la dépréciation extérieure;

Première partie

2° La seconde est la possibilité, matériellement toujours existante en pareille monnaie, d'un passage à des émissions, non pas seulement extra-économiques (car nous avons vu que ce caractère extra-économique n'était pas décisif et pouvait se rencontrer avec le métal précieux), mais davantage et surtout insuffisamment « raisonnables » et insuffisamment prévisibles.

Mais, si ces deux risques sont évités, et tant qu'ils sont évités, c'est-à-dire tant que reste suffisante au dehors et au dedans la confiance qu'il ne sera pas fait à ces moyens recours hors raison et hors prévision (les variations du change, non limitées par des « points d'or » et accrues par d'autres facteurs encore, n'étant pas alors, à cet égard, un inconvénient majeur de ces moyens monétaires non convertibles), nous constatons, à l'ordre de grandeur près, mais semblables de nature et de portée durable, les mêmes séquences à l'augmentation du taux d'accroissement des moyens monétaires de l'une.

Esquisse d'interprétation, Phases B. - Reste à comprendre comment une atténuation dans ce taux d'accroissement amène les séquences opposées que nous avons reconnues. - En effet, il n'est guère à considérer séparément, le cas d'une régression, - et non pas seulement d'une atténuation dans l'augmentation, - des moyens monétaires, puisque (hormis le cas des émissions démesurées de moyens non convertibles, aboutissant à la catastrophe et à la disparition de fait ou de droit de ces moyens; et ils avaient, avant, déjà cessé de faire fonction monétaire pleine et propre), nous voyons, à l'entrée en phase B, les réductions théoriquement possibles, théoriquement préconisées, et même prescrites parfois, pour les moyens monétaires non convertibles se limiter, en fait (dans toutes les réalisations passées les plus significatives), à une quotité très modeste des montants atteints en Phase A'. Et nous y rejoignons donc assez vite le cas des moyens à base de métal précieux, qui, s'ils peuvent bien diminuer en tel ou tel pays, pendant tel temps, ne diminuent pas, dans l'âge moderne, sur l'ensemble mondial, puisque la production nouvelle égale au moins, et plutôt dépasse, les pertes physiques possibles. Nous occupant ici du déroulement des Phases B en cas général, c'est donc bien seulement du cas de l'atténuation dans le taux d'accroissement des moyens monétaires que nous avons à traiter.

Ne trouvons-nous pas alors des circonstances, au premier aspect, favorables à une poussée d'activités économiques : loyer de l'argent abaissé, disponibilités de capital (notamment capital monétaire pour la raison qui vient d'apparaître) relativement abondantes ? Cependant c'est le resserrement, l'abstention, qui prédominent d'abord. Comment le comprendre? C'est que, si notre analyse des poussées productrices en Phases A est exacte, le facteur central que nous y avons reconnu, le profit croissant, élevé, pour l'ensemble des activités économiques, y était obtenu par une augmentation à la fois des quantités produites et des prix unitaires et donc du total des valeurs des produits, qui *finalement* était couverte par la réalisation des échanges terminaux; mais finalement, disons-nous : car, du début des processus complexes et échelonnés qui caractérisent le fonctionnement d'une économie d'échange avancée, jusqu'à leur aboutissement dans les achats de consommation terminale, les diverses activités économiques successivement impliquées resteraient en « porte à faux » d'attente, si des moyens d'anticiper sur ces réalisations terminales, disons plus si des moyens de réaliser d'avance les parts qui doivent leur correspondre dans ces valeurs futures ne venaient justement les étayer avant ce temps et leur permettre, à chacune en ce qui la concerne, de régler ses opérations et de les poursuivre grâce à cette couverture anticipée. Or, ces réalisations anticipées, indispensables, on le voit, à ce fonctionnement et plus encore à son extension, ce sont les moyens monétaires qui les constituent directement ou encore qui les fondent par des crédits appuyés sur eux.

S'il en est ainsi, l'augmentation de ces moyens monétaires vient-elle à se restreindre : c'est aussi leur dispensation directe qui nécessairement va se resserrer, et aussi la dispensation des crédits qui en est fonction. Moins soutenus dans leur « porte à faux », les producteurs, industriels, commerçants, des divers stades du processus, vont donc s'efforcer de vendre plus vite, de « réaliser » (comme on dit très exactement) leurs disponibilités de marchandises. Ce n'est donc plus une hausse des prix qui peut se produire pour des ventes en ces conditions et dispositions ; plus même, la concurrence, ainsi établie entre ces recherches de vente hâtée, va bientôt ouvrir la voie à la baisse de ces prix. Et pour défendre le plus possible leur profit, les producteurs vont donc viser à une compression de leur coût de revient.

A vrai dire, ils ne laissent pas de faire effort pour lutter aussi, ou même d'abord, contre cette baisse menaçante de leur prix de vente. - D'une part, ils songent à limiter les quantités produites ou tout au moins présentées à la vente : mais, pour la plupart des produits, surtout des produits finis, multiples, divers, substituables, une telle politique n'arrive guère à une application effective que dans le cadre d'un même marché. - Aussi voyons-nous alors, d'autre part, se marquer fortement des mouvements de défense contre la concurrence étrangère, et se préconiser et se tenter, par ce côté, un protectionnisme aussi serré que possible.

Mais cette double tendance atteint-elle à ses visées ? Même en ce marché fermé, resserré, il se produit (à l'inverse de ce que nous avons vu à la hausse) que tous acheteurs appelés à revendre, voyant la baisse commencée ou seulement imminente, se réservent, par attente d'une baisse plus forte, par crainte de ne pouvoir couvrir leurs achats faits encore trop haut : la baisse entraîne la baisse.

Et cela est encore plus fortement marqué pour les matières premières ou demi-produits de grand marché international, où une entente limitatrice entre les producteurs, d'abord, est plus difficile à conclure et plus encore à rendre effective et manque à son but par un seul qui se refuse ou ne se conforme pas à cette restriction concertée, et où, ensuite, même obtenue et pratiquée (au moins pendant un temps), cette entente ne suffit pas à faire disparaître, d'emblée ou durablement, dans le monde des acheteurs, la défiance à l'encontre d'une baisse encore possible, et donc l'abstention relative, qui effectivement y conduit.

Force est donc de s'appliquer d'autant plus à la compression des coûts de revient. Mais cet effort rencontre aussitôt des résistances, et considérables - notamment et d'abord celle de la main-d'œuvre, et celle aussi des autres participants à la production. A vrai dire un compromis nous est apparu alors intervenir qui aboutit à la fois à un maintien au moins relatif du salaire-gain (et des autres revenus de la production) et à un abaissement pourtant de la dépense en main-d'œuvre (et en autres frais) par unité produite - et cela grâce à une meilleure utilisation de ces facteurs, et surtout grâce à un recours accru à des agents qui, justement alors, se trouvent être relativement plus économiques, agents mécaniques, agents naturels, etc.

Mais la réalisation de ce compromis et l'emploi de ces agents qui y concourt, ou l'augmentation de la productivité que l'une et l'autre impliquent, ne se montrent économiques en général, et par conséquent utiles ici, qu'à la condition d'une augmentation des quantités utilement produites au total, c'est-à-dire trouvant acheteurs aux prix rendus possibles seulement par cette productivité appliquée à ces quantités accrues de production. Et cette condition conduit à l'opposé de la pratique d'abord tentée, c'est-à-dire à l'élargissement indispensable des marchés effectifs,

A ce point, et par là, on voit que les profits eux-mêmes, si la quotité ou le montant par unité produite peut en être alors abaissé, réussissent aussi cependant à se maintenir relativement, soit par entreprise, grâce à cette augmentation de quantités produites, soit mieux encore, par personne patronale, par l'effet qui vient s'y ajouter d'une sélection entre les exploitants.

Conclusion. - Tel nous apparaît pouvoir se constituer et se comprendre le schéma des relations et séquences essentielles que nous avons observées dans nos phases A et B. Assurément il y serait à ajouter beaucoup pour reconnaître et interpréter des différenciations que nous savons notables, selon les stades de production, selon les branches de production (l'agriculture notamment appellerait un traitement spécial complémentaire) ; et encore et aussi selon les pays, et selon la consistance et le stade d'évolution de leur organisme économique. - Des distinctions aussi seraient à considérer, qui sont d'importance, entre les cas de fluctuations de ce type qui ont un caractère universel, et ceux de mouvements de cet ordre spéciaux à un pays ou à un groupe de pays : de ceux-ci il résulte, pour ce pays ou ce groupe, des effets de différenciation relative, à leur avantage, à leur désavantage selon les cas, mais, en tout cas, de réalité et de conséquence considérables pour eux : nous ne pouvons cependant les détailler ici, même sur un exemple.

Tout de même, si schématique, nous le répétons, que soit cet aperçu, ne pouvons-nous pas en dégager et retenir ici que, partant de ce « primum movens », qui est respectivement, selon les phases, une augmentation ou une atténuation du taux d'accroissement des moyens monétaires, nous y aboutissons bien, nous semble-t-il, à retrouver les traits qui nous ont paru, dans nos constatations avant interprétation, marquer le fonctionnement économique en l'une et en l'autre sorte de phases ? Et avec plus de temps nous pourrions montrer aussi que nous en aboutissons encore à tous les autres traits distinguant et opposant ces phases en tous les autres ordres de faits où nous les avons reconnues. Mais il faut nous borner.

Le progrès économique par Phase A + Phase B. - Une observation essentielle est encore cependant à y ajouter ici et à ce point. Si c'est bien là l'essentiel du processus lié au développement économique moderne et contemporain et dans les cadres de l'évolution du type le plus avancé, remarquons qu'au total d'une Phase A et d'une Phase B nous avons en résultats : « Plus de biens produits, un total de revenus plus élevé, et d'ensemble, somme toute, des prix moindres, absolus, relatifs ». N'est-ce point là très exactement la définition même du « Progrès *économique* », telle que nous l'a enseignée la doctrine la plus classique et la plus proprement placée dans le plan économique, et telle aussi qu'y adhère l'opinion commune la plus réfléchie ?

Mais, remarquons-le bien, cet ensemble de résultats n'est atteint par les faits caractéristiques ni des phases A seules ni des phases B seules, mais seulement par le total des deux. (Par exemple, notons que le total de revenus est relevé, en phases A, surtout pour les revenus actifs ou liés directement à la production, et davantage, en Phases B, pour les autres ; et ainsi pour les divers ordres de faits de notre analyse).

Ainsi cette liaison, cette succession et ce total de résultats se montrent à nous se réaliser à plusieurs reprises, en succession, dans l'évolution économique moderne et contemporaine, et même, semble-t-il bien (notamment par différences avec d'autres périodes et d'autres cadres d'évolution), en constituer les caractéristiques les plus manifestes.

Pouvons-nous cependant nous contenter de ces résultats, pour en tirer l'application que nous avons visée à la situation mondiale présente ?

D. Rationalité de cette interprétation

Avant de nous sentir habilités à faire, de résultats de cet ordre, une extension en dehors de leur cadre d'observation et, plus gravement encore, une application à quelque vue ou présomption sur un futur non encore réalisé, même prochain seulement, nous devons nous demander : Avons-nous *atteint là des éléments suffisants d'une interprétation, d'une explication de type proprement scientifique, c'est-à-dire, de valeur générale ou généralisable et satisfaisante pour la raison ?*

J'ai pris grand souci de traiter cette question cardinale avec autant de soin, d'information et de critique qu'il m'a paru possible et désirable d'y apporter. Cependant, ne pouvant reproduire ici toute, cette discussion, je dois encore faire une quatrième opération de crédit auprès des auditeurs et lecteurs, et leur demander d'accepter ici un simple résumé des considérations qui m'ont paru permettre de répondre à ce doute méthodique par une affirmative assez assurée.

I. - D'abord, si nous entendons bien par explication de type scientifique d'un fait, la détermination de la cause de ce fait, c'est-à-dire d'un antécédent immédiat, « le plus immédiat » possible de ce fait et lié à lui par une relation de forme universelle, remarquons que les résultats dont nous venons de présenter un résumé ne sont pas une simple constatation et formulation de concomitances ou de successions entre des éléments numériques observés, ni de relations automatiques, mécaniques, comme sont celles, par exemple en ce domaine, dont se composent et se contentent telles expressions célèbres de la théorie dite quantitative de la monnaie. A la différence essentielle d'avec cette dernière, ici, entre les moyens monétaires et les prix, entre les catégories de prix de diverses sortes, entre eux et les revenus, nous avons cherché comment, en ces séquences décalées, non simples ni réversibles et cependant topiques et régulières que nous constatons, le lien s'établissait effectivement et pouvait se comprendre ; et nous avons régulièrement dégagé là un facteur causant proprement dit, *l'homme*, l'homme dans des relations et comportements économiques ainsi caractérisés. Seulement cet « homo oeconomicus » n'est plus simplement une conception hypothétique, irréelle, identique à travers tous les milieux, invariable à travers les temps.

Il est l'être réel agissant et réagissant dans les conditions économiques effectives, essentielles, de l'évolution sociale au stade d'avancement où nous la considérons : - attaché aux représentations monétaires des valeurs économiques comme étant leur expression pratique effective et la plus commode et la plus générale ; - mis en action, - d'œuvre nouvelle et de confiance, - par les possibilités de variation avantageuse qu'il y aperçoit; - mis en réaction de défense pour le maintien (s'il le sent menacé; de son « niveau social », qui s'exprime aussi, essentiellement, en cette échelle monétaire des valeurs : - et ainsi tour à tour conditionné de façon initiatrice: centrale, et alternativement différente tout à la fois (on peut le comprendre maintenant), par une variation en accélération, ou au contraire en atténuation, qui se trouve se produire dans le taux d'accroissement des moyens monétaires à la disposition de son milieu économique ; - mais y restant bien, de l'une ou de l'autre façons majeures selon ces alternatives, le facteur immédiat proprement explicateur des séquences ensuite trouvées.

II - Mais, pour satisfaire notre esprit et fonder une application hors le cadre de cette observation et analyse, il nous faut plus encore : il faut que cet ensemble de liaisons puisse nous apparaître *fondé en raison*.

1° Un premier test de rationalité en ce sens et que cet ensemble se montre *capable de coordonner des faits de plus en plus nombreux*, et d'amener une réduction progressive des rapports multiples, complexes, spéciaux, d'abord aperçus, à des formules de plus en plus généralisantes en même temps que de plus en plus simplifiées.

En fait, avons-nous bien obtenu de montrer, à travers les complexités et différenciations des milieux, pays, siècles divers, que de cette antécédence commune ainsi dégagée découlent, plus ou moins directement et à intermédiaires plus ou moins nombreux de causes ou de conditions, mais bien de façon majeure, commune, et vraiment initiatrice, tous les comportements des faits de divers ordres que nous avons vus se spécifier par doubles phases alternatives répétées et sensiblement correspondantes ? Si oui, n'avons-nous pas, en cette réduction de faits nombreux et divers à une unité de déclenchement et de dérivations subséquentes, réalisé une avance de connaissance qui, de ce fait seul, prend bien déjà tournure d'explication de science ?

Et si, comme quelques épreuves par sondages nous ont paru l'indiquer, une extension d'expérience en d'autres cadres encore plus différents, plus lointains, semble, soit directement soit par contre-épreuve, apporter confirmation de ces vues et non pas infirmation ou doute suspensif, ne nous apparaît-il pas présomption favorable que cet ensemble de liaisons satisfasse à notre premier test de rationalité ?

2° Un second test de rationalité, et plus important encore, est que l'ensemble de faits tel que constaté et interprété soit reconnu *ne pouvoir être réalisé ni donc expliqué autrement.*

a) A cet égard, nous avons d'abord à reprendre et examiner, de ce point de vue, cette première condition générale commune à tout l'ensemble de ces constatations et liaisons analysées plus haut : c'est que nous y sommes d'emblée placés en un système majeur d'économie d'échange complexe et indirect, échelonné dans le temps, qui est assurément, à ce jour, le type le plus évolué d'économie progressive, le plus éprouvé, et celui où nous rencontrons réalisée la plus grande somme, la plus grande augmentation de résultats proprement économiques.

Est-ce là un hasard ? Est-ce faute de mieux, ou encore en attendant mieux ?

Non; à cette correspondance il apparaît bien une raison et une raison profonde et générale, si du moins nous ne nous trompons pas en reconnaissant dans l'essence et dans le fonctionnement même de ce système *la première grande source d'augmentation des biens économiques, ou* richesses : l'échange *réalisé entre des groupes,* des ensembles humains, à *échelles différentes de valeurs,* - et augmentation, d'ailleurs, susceptible de se réaliser à la fois du point de vue des deux groupes échangistes.

b) Puis nous avons à considérer, de ce point de vue, ce si caractéristique et peut-être, à première vue, assez surprenant développement par phases alternées, dont la somme se trouve réaliser ce qui est reconnu comme le progrès économique.

Phases A. Cette augmentation des valeurs produites, et des revenus y correspondant, que nous trouvons en ces phases, et si remarquablement générale, c'est-à-dire s'étendant à toutes les productions, à tous les participants, est-elle réalisable autrement que par cette condition provocatrice que nous a paru y être l'augmentation dans le taux d'accroissement des moyens monétaires ?

Il faut apercevoir, avons-nous développé ailleurs, que, sans eux, il n'apparaît pas d'avantage (si même il n'apparaît pas un désavantage) comme résultat des initiatives qui se mettraient à produire plus ; du moins pas d'avantage qui puisse être général pour toutes les initiatives de cette sorte. Il faut apercevoir, au contraire, comme une condition cardinale, indispensable à une extension favorable de cet ordre, l'intervention de moyens monétaires ou de crédit dans leur fonction essentielle communément trop peu dégagée : qui est de constituer une anticipation, disons mieux, une réalisation dès maintenant actuelle d'une richesse encore future. Et pour la permettre générale, croissante, il faut donc une augmentation croissante aussi de ces moyens. C'est en propres termes « monnayer l'avenir » : mais pour autant c'est retrouver la *deuxième grande source d'augmentation de la richesse qui est d'exploiter le futur.*

Phases B. - Ne pourrait-on obtenir autrement, de façon directe, les traits du progrès économique reconnus dans ces phases, qui sont l'augmentation de la productivité, et l'augmentation de la production, à moindres coûts unitaires et à moindres prix, bien qu'à somme de valeurs produites et de revenus globaux sensiblement maintenue, sinon accrue ? La doctrine économique classique en a volontiers fait l'annonce, et beaucoup d'esprits en rêvent encore aujourd'hui.

Il faut apercevoir, d'abord, qu'ils impliquent une augmentation d'effort non récompensé par un gain accru, qui ne peut qu'être imposée par une pression réciproque des parties prenantes, et que cette condition ne se trouve obtenue que si des revenus facilement augmentés, sans accroissement d'effort, en Phase A antérieure, se trouvent menacés, et, - cet effet de la phase A devenant cause en phase B - prennent pour se maintenir la puissance d'une force d'inertie - qui, en ces conditions, a le mérite (assez rare pour l'inertie) de devenir source de progrès.

Mais, en second lieu, il faut apercevoir que cette pression conservatrice réciproque, du revenu patronal sur l'action ouvrière et du revenu ouvrier sur l'action patronale, n'aboutit aux solutions de compromis aperçues que moyennant une augmentation et de la productivité et des produits. Mais celle-ci comment est-elle obtenue et en quoi est-elle plus économique ? C'est par un recours, avons-nous constaté, général et accru à d'autres agents et d'autres moyens de production qui revient à une utilisation augmentée de forces naturelles. Or, il faut apercevoir qu'une fois effectué l'aménagement (de diverses sortes et formes) de ces forces, une fois amorti et couvert ce qu'il a pu coûter d'établissement et d'entretien (et justement c'est en phases B, avons-nous vu, que cet aménagement se trouve revenir relativement moins cher, moins cher notamment que le travail humain), l'utilisation de ces agents matériels est au vrai, en elle-même, gratuite.

C'est dire que nous retrouvons dans le processus caractéristique des phases B, conditionnée par une réaction indispensable qui implique antécédence d'une phase A, un recours à la *troisième source d'augmentation de la richesse qui est l'utilisation par l'homme des forces gratuites de la nature*.

- Ainsi par ces diverses considérations, le processus total qui réalise le progrès économique, défini comme reconnu, nous paraît ne pouvoir être obtenu tel autrement, et se montre, en effet, faire par combinaison et addition le recours respectivement approprié selon les cas aux trois sources essentielles et effectives d'une augmentation de la richesse.

3° Mais il reste un 3e test important de rationalité qui est *la non contingence des relations reconnues* et de leurs résultats. Or,

Première partie

tout l'ensemble de notre interprétation n'est-il pas suspendu à un déclenchement, pour la phase A, et pour la phase B, par un fait, - la variation du taux d'accroissement des moyens monétaires, - qui, soit pour ceux à base de métal précieux, soit pour les non convertibles, semble bien un antécédent initial apparemment contingent ?

Après tout, si c'est le fait, il faudrait bien, à tout prendre, s'en accommoder; et il est plus d'un exemple, en d'autres sciences, beaucoup plus avancées et portant sur des faits beaucoup moins complexes, où l'explication propre à une science a bien dû faire la part d'une contingence, au moins relative, c'est-à-dire d'un élément qui, régulier et explicable peut-être par ailleurs, ne l'est pas toutefois dans le plan et le cadre de cette science. Transposé, - et encore plus admissible en raison de la nature des faits et des conditions de notre atteinte, - ce serait notre cas ici.

Mais cette extrémité ne nous est même pas imposée. En effet un examen des faits passés et de leurs conditions, une utilisation de connaissances d'autres ordres, une analyse des rapprochements à établir, paraissent aboutir à nous montrer :

a) qu'en fait, soit pour les moyens monétaires à base de métal précieux, soit pour les autres, des alternances dans la variation de leur accroissement peuvent être tenues, en somme, pour assez probables dans l'avenir, comme elles ont existé dans le passé, et donc constituer ici une périodicité admissible, pourvu qu'elle ne soit pas entendue périodicité régulière; - mais, la régularité n'a pas été non plus le fait de ces alternances dans le passé, et cela n'en a pas empêché le déroulement répété et constitutif de l'évolution et du progrès ;

b) qu'au surplus, ou à défaut, par les assimilations déjà reconnues et éprouvées dans nos expériences, une possibilité ultérieure apparaîtrait de recourir, si besoin majeur en était vraiment établi, à un aménagement relatif de ces alternances par une action humaine dûment avertie.

Nos trois tests de rationalité nous paraissent donc, en somme, - eu égard à la matière et aux conditions de la connaissance que nous en pouvons espérer, - être assez convenablement satisfaits pour que nous hasardions de tenir l'ensemble des relations dégagées de notre expérience passée pour des éléments utilisables d'une connaissance explicative à valeur généralisable.

E. Rationalité de cette interprétation

Cependant, il petit nous rester encore une inquiétude. Si ces faits majeurs sont si manifestes, si, de façon initiatrice et qui commande tout, ce caractère essentiel, général, de notre fonctionnement économique le plus avancé de présenter un développement par phases alternantes opposées de période interdécennale est aussi pleinement présenté dans la réalité moderne et contemporaine, *comment*, objectera-t-on, *ne s'en est-on pas plus* aperçu, soit dans le monde de% affaires ou les milieux dirigeants des collectivités publiques, soit parmi les économistes dans leurs si nombreuses études et théories de ces matières ?

a) Pour les hommes de la pratique, hommes d'affaires. industriels, commerçants, banquiers, hommes politiques, remarquons d'abord que, volontiers, la seule expérience sinon avouée, du moins effectivement utilisée à l'ordinaire par de tels hommes étant l'expérience personnelle (plus ou moins réfléchie du reste), la longueur de temps de l'une de ces phases A ou B, et a fortiori de la fluctuation totale A + B, dépasse, dans les réalisations récentes et davantage encore dans les plus anciennes, la période active d'un même homme.

Il n'est pas de gens d'affaires à la quarantaine et plus encore à la soixantaine qui n'aient connu dans leur expérience propre, vécue, une, deux, ou plusieurs fluctuations intra-décennales, expansions, crises, dépressions et reprises. Aussi cet ordre de faits leur est assez familier ; et facilement (sinon toujours avec pertinence ou opportunité, mais en principe) ils en font état dans leur raisonnements et comportements.

Mais si ces hommes se sont trouvés vivre le meilleur de leur âge actif en une phase A, et y avoir, dans leurs affaires, bénéficié des conditions d'ensemble favorables qu'elle comportait, il est fort à penser que, plutôt que par cette conjoncture heureuse dont ils ont été bien irresponsables, et même bien inconscients, ils inclinent à interpréter ces bons résultats par leur propre génie économique.

Première partie

-Et il semble bien que, dans tel et tel pays que nous connaissons, de près, de loin, quelques hommes politiques, tout pleins de l'action qu'ils exercent ou croient exercer sur la vie économique de leur pays, et assez enclins peut-être à en être satisfaits, n'aient pas laissé de céder à semblable illusion.

Vienne la phase B qui suit : comment feraient-ils autrement que de la déclarer pathologique, sans précédent, irrités qu'ils sont de n'en avoir pas eu la moindre attente, n'y comprenant rien, désemparés ?

b) Quant aux économistes, - et je ne parle plus ici de ceux de la onzième heure qui, improvisés dans la compétence qu'ils s'attribuent et que le public volontiers si crédule, même du monde des affaires, leur concède, improvisent aussi à qui mieux mieux les explications et les remèdes (mais c'est sans responsabilité et tellement sans conséquence), je parle seulement d'économistes qualifiés, - il est, à vrai dire, parmi eux, nombre d'esprits soucieux du réel qui n'ont pas été sans remarquer les ordres de faits conduisant à l'idée de ces fluctuations à longue période. Mais ils les ont volontiers tenus pour des perturbations, et se sont attachés seulement, ou d'autant plus, à retrouver un fonctionnement dit normal. Et à ces dispositions majeures en des esprits de valeur et de conscience et de science, il faut apercevoir une raison assez générale et profonde, je crois, et assurément digne de considération. C'est, semble-t-il bien, que l'analyse de la vie économique, même dans une direction positive, et à plus forte raison en construction conceptuelle, est, depuis l'économie classique, partie et restée pénétrée d'une conception de la science économique sur le type de la mécanique, pénétrée des expressions de la mécanique, de notions dites d'équilibre, entendu surtout d'équilibre statique et bien peu encore d'équilibre dynamique. Celui-ci même, du reste, serait encore bien insuffisant et bien inadéquat à la réalité que ces métaphores, - et jusqu'à confirmation par le réel ce ne sont que des métaphores, - sont censées nous aider à exprimer et comprendre. Car, si un rapprochement de la science cherchée des faits économiques avec une autre des branches scientifiques plus avancées peut être de quelque fondement et de quelque utilité, c'est bien avec la biologie surtout que, selon la hiérarchie comtiste si féconde et si fondée, il faut le chercher d'abord, et non pas avec telle branche de la mathématique, non plus qu'avec l'astronomie.

Or, de ce point de vue, une reconnaissance de fluctuations alternantes comme faits essentiels, centraux, normaux, n'est nullement saugrenue ni absurde. Ayant eu récemment l'occasion de parler, avec des savants de diverses branches, des recherches auxquelles je m'appliquais et de l'ordre des résultats qui me paraissait à y entrevoir majeur, je me suis senti tout de suite compris par les biologistes, très qualifiés, me disant : « Eh oui, en somme vous trouvez que la vie économique, c'est de la vie. » De façon plus topique encore, l'un d'eux, qui est un maître en analyse et critique de sa propre science, est spontanément venu à ce résumé : « Nous étions, dans ma génération, partis d'une conception mécanique de la vie. nous avons dû progressivement y renoncer, comme inadéquate aux faits, soit en statique soit en dynamique; nous avons dû arriver à reconnaître et à nous proposer de comprendre la vie comme *une succession de déséquilibres* ». Or, cette dernière expression est justement une formule que j'avais déjà proposée pour mettre en évidence le caractère fondamental de ce que les faits nous forçaient à apercevoir de propre, et central, à comprendre dans le développement économique. Est-ce là exprimer le total de la vie ? Le problème dépasserait notre cadre, et ici sans utilité : car ici ce qui importait était seulement de bien reconnaître que ce caractère de fluctuations alternantes majeures, bien loin d'être en soi, et en tous les cas, une anomalie, une perturbation, est un trait général et propre du fonctionnement vital dans le domaine de la vie physique ; et, bien que comparaison ne soit pas raison, nous serons moins étonnés que la reconnaissance de ce caractère dans la vie économique sociale, et là où elle apparaît la plus progressive, nous ait paru pouvoir se fonder et se justifier en rationalité objective, ainsi que nous venons de l'esquisser. Arrivés à ces conclusions, il semble que nous puissions, avec quelque légitimité, tenter quelques applications de nos résultats.

Première partie

Deuxième partie
La crise mondiale actuelle
et les fluctuations économiques à longue période

Si je puis tenir pour accordés les crédits que j'ai demandés à mes auditeurs et lecteurs, sur la présentation des faits, sur leur interprétation, sur la rationalité de cette interprétation, c'est-à-dire si les fluctuations économiques à longue période existent bien dans le développement économique moderne et contemporain, majeures, centrales, avec les caractères, les antécédents et les conséquents que nous avons reconnus en expériences homologues répétées, quelles applications pouvons-nous faire de ces résultats à la crise mondiale présente ?

A. Sommes-nous à un tournant de fluctuation économique à longue période ?

Un premier point de fait est évidemment à traiter d'abord : Reconnaissons-nous dans les années présentes, aux signes que nous avons vu les marquer, les annoncer dans les réalisations antérieures, un tournant d'une de ces fluctuations longues, une indication de passage d'une phase A à une phase B ?

1° L'ordre de faits où nous avons d'abord constaté nettement ces fluctuations, et où elles sont le plus apparentes et le plus communément reconnues, le mouvement des indices de prix de gros, nous marque-t-il récemment un tournant de fluctuations à longue période, et à quelle date au juste ?

Certains, regardant surtout aux indices anglais, américains et y ramenant les autres, ont cru pouvoir en dénoter un en le plaçant en 1920-21. Il est de fait que ces années marquent, en ces indices, une pointe en élévation qui n'y a pas été égalée ni dépassée depuis. Mais regardons un peu mieux, et en tenant compte des expériences antérieures.

a) Certains aussi avaient cru pouvoir marquer le tournant de la précédente grande fluctuation de A en B à 1856, année de pointe qui, dans les indices français (Statistique générale, de Foville), n'a pas été égalée ni dépassée ensuite. Cependant il est d'acceptation commune aujourd'hui que le tournant de mouvement interdécennal de prix de gros soit daté de 1873 au plus tôt (le cas des États-Unis en période de Greenbacks étant spécial et ici réservé). Et, en effet, ce cas et d'autres encore, de cadres spéciaux ou antérieurs, nous enseignent de dire pour caractériser les phases A : périodes de prix en hausse majeure ou maintenus relativement élevés (à travers les fluctuations courtes intradécennales). Or, c'est bien le trait dont s'est marquée et enorgueillie « l'économie dirigée » des États-Unis, pendant toute la période où elle triomphait des résultats atteints, que d'avoir visé et abouti à maintenir les prix hauts (indice 150 environ par rapport à 100 avant guerre), soit contre une hausse nouvelle, soit et surtout contre une baisse qui, selon l'aveu commun en ce pays reconnu étalon mondial en toute cette période, n'a commencé vraiment qu'à partir de 1929.

b) Puis et surtout, si nous nous rappelons avoir reconnu que les Phases A' (ou en correspondance avec une augmentation de moyens monétaires non convertibles) avaient, sous les conditions que nous avons dites, les mêmes caractères et séquences effectives que les phases A (avec moyens monétaires à base de métal précieux), nous avons non pas à éliminer d'emblée comme factices et purement apparents, mais bien à considérer conjointement et comme la réalité sociale première, dans le cercle d'acceptation de ces moyens monétaires non convertibles, les mouvements des prix des autres pays en cette période tels qu'ils s'exprimaient en ces moyens monétaires respectifs. Tout au plus, aurions-nous à faire réserve sur les mouvements d'amplitude démesurée, et devenant alors plus que proportionnels au mouvement des moyens monétaires, que la Russie, l'Autriche, la Pologne, l'Allemagne, etc., nous ont présentés au cours de cette période : et encore 1 nous avons vu par le cas des assignats en France, et nous verrions, semble-t-il bien, en ces cas récents homologues, tels effets ou résidus non négligeables qui procèdent de ces mouvements et rappellent, en certain traits caractéristiques, les séquences des mouvements plus modérés. Mais pour des pays comme la France, la Belgique, l'Italie, avant comme après les nouvelles stabilisations, c'est au mouvement des indices exprimés en monnaie de fait de chacun de ces pays

Deuxième partie

qu'il faut regarder, comme étant la réalité sociale effective pour la vie propre de chacun d'eux. Il est pleinement arbitraire et irréel de convertir ici d'office ces expressions selon le cours du change avec une monnaie convertible, sinon pour apercevoir, dans les différences de proportion des mouvements en termes ainsi réduits, l'importance relative possible, et le sens, des différences dans lés correspondances économiques entre les prix de ces pays et ceux du pays dit étalon en ces diverses années, Plaçons-nous en dehors de toute préconception conceptuelle ou doctrinale, dans la vie pratique, courante, dans l'état de sentiment non seulement de « l'homme de la rue », mais de tous les hommes vivant tout simplement cette vie pratique, - et ce sont eux qui ont raison, nous l'avons vu - : il est hors de doute que les prix, dans l'ensemble et en gros, ont repris ou continué de monter et de rester très élevés pour un Français jusqu'en 1926-29, pour un Belge jusqu'en 1927-29, pour un Italien jusqu'en 1926, etc.

c) Enfin il est pleinement arbitraire et préjuge d'une interprétation (que justement nous avons vu être démentie par les constatations répétées en diverses parts de notre expérience) de considérer les mouvements généraux de prix dans la période récente en partant seulement de 1914 ou 1913 : objectivement c'est du tournant de mouvement à longue période qu'il faut partir. Ce n'est pas le changement dans l'accélération (très diverse d'ailleurs selon les pays, et non tellement différente des phases A antérieures pour quelques-uns d'entre eux, ceux restés en monnaie convertible) qui est décisif : c'est le changement dans la direction majeure à travers les fluctuations intradécennales. Or, de ce, point de vue, il saute aux yeux que, par différence avec la phase de type B bien reconnue de 1875-80 à 1895-1900, c'est de ces dernières dates (plus précisément, pour plusieurs indices de gros les plus importants, de 1896 ou 1897) que part un changement manifeste de sens du mouvement interdécennal, allant de ces dates, - avec un accroissement d'accélération vers 1915-16 le plus souvent, et plusieurs fois une reprise après 1921-22, - jusqu'en 1927-29 pour la plupart des pays. Comparons, si l'on veut avoir devant les yeux une représentation schématique, le mouvement de l'indice pour certains de ces pays (notamment ceux visés sous a) à une ligne qui circonscrirait le profit d'une girafe sur un monticule, partant du bas du monticule (1897), puis des pieds de la girafe (1914) jusqu'à sa tête, en 1920, et se stabilisant au niveau du dos et de la croupe jusque vers 1928-29 : personne ne pensera qu'à cette *hauteur on* n'est déjà plus en situation encore élevée par rapport au point de départ; mais sans doute on aurait l'impression d'en tomber, une fois en descente de là croupe au niveau des pieds et peut-être plus bas encore... Pour d'autres pays au contraire, ce serait le profil d'un dromadaire, qui nous présenterait., après une première montée jusqu'à la tête, portée plus ou moins basse, et une retombée sut le cou, une remontée parfois plus forte jusqu'au sommet *de la bosse,* et en tout cas maintenant l'impression de hauteur relative *au* moins jusqu'au tournant décisif *de* la croupe, et seulement alors, ici aussi, la descente brusque au niveau des pieds et même plus bas.

Par contre, en effet, dans toutes ces expériences, eu tous pays, un tournant se marque avec 1929 au plus tard, après lequel lie mouvement des prix paraît bien -avoir pris une direction et une allure de baisse comme toute la phage depuis 1896-97 jusqu'alors n'en avait pas présenté. Il n'est pas exclu qu'un pays ou un autre ait marqué ce tournant plus tôt (par exemple l'Angleterre peut-être dès 1920 ou au plus tard 1924) : dans les passages antérieurs de phase A à phase B non plus, un synchronisme exact (et cependant avec beaucoup moins de circonstances différentielles pour le faire comprendre) n'avait pas été observé. Mais justement ces cas précoces nous permettent, par l'allure soutenue de leur mouvement depuis, de nous confirmer qu'il paraît bien s'agir ici d'un tournant de mouvement à longue période et non pas seulement de cycle court.

2° Et puis nos constatations antérieures nous ont enseigné de ne pas nous contenter, pour discerner ces tournants dans toute leur consistance et dans toute leur signification, de regarder à ces indices globaux de prix de gros des marchandises. - a) Distinguons en eux des indices par catégories de marchandises, par groupes de produits, nationaux ou importés, etc. : en tous ces cadres permettant analyses et contrôles utiles, nous constatons et une poussée soutenue en hausse ou à niveau élevé jusqu'aux années dernières et un tournant bien net à une descente rapide depuis, et l'une et l'autre respectivement se montrant avec les différences d'amplitude, les décalages relatifs, dont nous avons pu apercevoir, aux tournants antérieurs de phases à longue période, et l'existence et la signification confirmatives.

b) Regardons aussi non seulement au mouvement général des prix de gros des matières premières ou demi-produits, mais à celui des prix de gros des produits manufacturés, des produits finis; à celui des prix de détail. En nombre de pays, le tournant à une baisse nette n'est encore marqué, notamment pour ces derniers, qu'avec un certain flottement, semble-t-il, avec un décalage notable, une différence d'amplitude : mais ces traits sont exactement conformes aux caractéristiques notées pour eux par rapport aux premiers dans les expériences antérieures. Par contre cependant, le passage d'une phase A à une phase B paraît d'autant plus se dessiner, que les hausses dans la phase A qui atteint à ces années ont été aussi décalées relativement, mais plus soutenues aussi, sinon même croissant encore, jusqu'en 1930-31 parfois.

c) Puis encore regardons à d'autres prix que ceux des marchandises. Ceux des biens durables, non fongibles, notamment ceux des terres, des maisons, après avoir présenté dans les dernières décades un mouvement encore plus différencié (spécialement, pour les maisons de rapport, en fonction des législations sur les loyers diverses et complexes de prescriptions et d'effets), mais tout de même en somme bien affirmé en élévation de niveau (s'opposant à la phase des années 1880 aux années 1900), marquent, semble-t-il, au moins un arrêt de hausse dans l'ensemble, et déjà des signes partiels de régression, l'un et l'autre traits étant justement ceux que les tournants antérieurs de phase A en phase B nous ont présenté.

Tout spécialement, donnons attention à l'indice des prix (ou du revenu) de cette catégorie de biens immatériels si importante dans les économies de type avancé, et d'autant plus qu'elles le sont davantage : les valeurs mobilières, et spécialement les actions. Comment penser que nous serions entrés en phase B dès 1920, lorsque nous avons vu, sur ces prix, une envolée en hausse aussi soutenue et, entre tous les pays, aux États-Unis, jusqu'en automne 1929 ? A vrai dire, comme en ces années en ce pays les indices de quantités produites augmentaient à peine et les prix n'étaient que maintenus à niveau élevé, mais non en hausse pareille, on pouvait s'attendre à ce qu'éclatât quelque jour le hiatus croissant entre ces valeurs de. prévision et les réalisations physiques et économiques n'y correspondant pas. Mais, pendant ce temps, le mouvement économique d'ensemble était tout de même incité, soutenu, en expansion ; et si la chute et régression n'en sont que plus profondes, le tournant d'entrée en phase autre n'en apparaît que d'autant plus indubitablement situé fin 1929 pour ces catégories de prix si représentatives des expansions et des dépressions des activités économiques.

3° Les prix des produits et les prix des autres biens ne sont même pas seuls à considérer : le sont encore d'autres faits et éléments du fonctionnement de la production et de celui de la répartition, dont nous avons vu, dans nos expériences antérieures, et les caractères propres et l'importance et les conséquences de participation à ces grandes fluctuations de la vie économique. Or, regardons-nous au mouvement du « chiffre d'affaires », ou total des valeurs produites, agricoles, industrielles, du total des échanges, et du total des revenus et richesses résultant de la production, soit directement, soit aussi par analyse et décomposition, dans ces totaux, du mouvement des quantités et du mouvement des prix ? - Regardons-nous, soit séparément, soit dans leurs liaisons et interdépendances, aux facteurs de la production, aux éléments des prix, notamment coût de la main-d'œuvre, coût des autres moyens de production, aux diverses catégories économiques de revenus, salaires, intérêt, profits ?

En tous ces ordres de faits, nous voyons, d'une part, les caractères des phases A pour eux se manifester depuis la fin du 19e siècle ou le début du 20e et se continuer, se renforcer, à travers les années de guerre, dans l'après guerre pour tous les pays, et jusqu'aux années 1928-29 pour la majorité des plus importants. Par contre, en tous ceux-ci depuis ce temps (et depuis un peu plus dans les autres), nous constatons nettement un changement de sens ou de caractère, une entrée en difficultés, une formulation de ces difficultés, qui sont très exactement ce que nous avons rencontré pour ces ordres de fait à l'entrée des phases B antérieures.

4° Arrivons enfin aux faits de fonctionnement général du système

Deuxième partie

économique, où nous avons vu se marquer si nettement et, pour le dernier considéré de ces ordres de faits, en déclenchement initiateur décisif, la distinction et l'opposition de nos phases, nous ne pouvons qu'apercevoir dans le temps présent, les signes respectifs d'un tournant de A en B.

a) Dans les économies publiques, c'est un fait général, commun à tous les pays, et donc à ne pas supposer amené d'abord ou seulement par der, traits de politique, intérieure ou extérieure, propres à chacun de ces pays, qu'après des années de finances relativement faciles, et, même en cas d'assistance nécessaire, assez aisément assistées et renflouées, l'entrée, depuis un, deux, trois ans au moins, en gênes des budgets, resserrements des trésoreries, déficits, etc.; et il ne semble pas que, pour aucun d'eux, ces dépassements actuels des ressources par les charges puissent se contrebalancer avec aisance par des disponibilités nouvelles ainsi que nous l'avons vu se réaliser plus d'une fois en périodes A antérieures.

b) Les relations économiques entre les divers pays dans toute la dernière décade avaient marqué assurément des limitations, des oppositions, du fait des isolements notables ou changements de constitution ou de courant dans les années de guerre ou d'après-guerre, du fait des modifications et inégalités de situation relative résultant des formations ou séparations nouvelles, et du fait des conditions économiques monétaires fortement et inégalement différenciées. Mais des contre-courants notables et en somme croissants avaient, et spécialement au mérite et à l'avantage de certains, contrebalancé et même surpassé ces resserrements. Partout à cette heure, par contre, depuis un peu plus de temps ou un peu moins, mais sans exception notable, et même avec des retournements dans des attitudes traditionnelles séculaires, se manifeste une tendance majeure des économies nationales à se resserrer, à se défendre, voire presque à se fermer, autant qu'il est en leurs facultés et en leur seul pouvoir, avec l'ambition tout à la fois de continuer ou même augmenter leur vente profitable chez les autres. Or, nous avons marqué et déjà interprété ce trait comme un fait général, et résultant naturellement en effet, des entrées en phase B.

c) Est-il besoin de constater que partout à cette heure se dénonce, et, on doit le reconnaître, se constate, ce qu'on appelle un déséquilibre entre la production et la consommation en ce sens qu'à travers le monde, et en chaque pays aussi, les productions réalisées ou susceptibles de se réaliser ne trouvent pas acheteurs, pour leurs quantités effectuées et moins encore possibles, du moins pas aux conditions de vente ou de prix qui leur paraissent indispensables ? Mais, dans nos constatations antérieures, ce trait nous marquait le passage premier d'une phase d'expansion en une phase de resserrement, aussi à vrai dire, dans les cycles courts, intra-décennaux, à l'heure des crises de cette périodicité ; le degré, la généralité et déjà, pour nombre de producteurs ou de pays, la durée du déséquilibre ressenti en ce sens sont tels toutefois à cette heure qu'il apparaît indiqué de penser à un tournant entre phases plus importantes encore.

d) Aboutissons donc à l'ordre de faits qui nous est apparu, dans les expériences antérieures, central et initiateur pour les alternances à période longue, aux faits monétaires, à la variation des moyens directs ou indirects, convertibles ou non convertibles. Ici, plus encore que pour aucun des ordres de faits qui viennent d'être passés en revue, il n'est nullement exclu que le tournant se soit manifesté à des dates assez différentes pour les divers pays :

assez tôt pour tel qui croyait, en rompant les solidarités des années de guerre et de l'après-guerre, reprendre d'emblée et par là même sa supériorité financière antérieure;

– et pour tels encore qui, étant allés (pour objets extra-économiques et, de ce point de vue même, à tort ou à raison) à une augmentation démesurée des signes monétaires, sont, par la catastrophe inévitable, entrés plus tôt en resserrement ; plus tard, au contraire, soit pour tels qui, en difficultés par la faute d'un autre à ses engagements plus que par la leur, ont eu à se couvrir et à se reconstituer par une anticipation accrue sur leur propre futur et y ont gagné, grâce à leur activité productrice en même temps et par là même surexcitée, une position différentielle avantageuse pour autant et pour ce temps;

– soit pour tel qui, par le jeu des engagements et liquidations d'engagements du temps de guerre, a vu affluer chez lui le métal précieux et les moyens correspondants, et inciter et soutenir ses activités confiantes par cet afflux automatique bien plus que par

Deuxième partie

son seul génie.

Tous ces traits sont à ne pas oublier, et marquent et expliquent (et souvent en dehors des attentes, et plus encore des doctrines trop hâtives ou trop traditionnelles) des changements de situation relative considérables pendant ce temps, et non sans conséquences assez durables ensuite sans doute ; au total, il est conforme à nos relations, telles qu'elles se sont dégagées d'expériences séculaires variées, qu'un avantage économique différentiel se soit marqué pour les pays qui sont restés (et que ce soit de leur volonté entière et réfléchie, ou par leur instinct de vie, ou par les circonstances) le plus longtemps en phase A, A', en évitant le passage à A», et que cet avantage s'avère non factice, ni illusoire, ni sans portée ultérieure.

Mais le fait majeur à cette heure est que

- sur l'ensemble mondial, la production aurifère paraît être entrée, déjà depuis une décade, en diminution de son taux d'accroissement sur celui des décades 1911-20 et plus encore 1901-10 et semble au maximum (d'après ce que les techniciens en disent) pouvoir, jusqu'à nouvel imprévu, se maintenir à cet accroissement atténué ;

- en aucun pays actuellement, et depuis un temps plus ou moins long ou court, mais de façon générale et commune, le taux d'augmentation des moyens, monétaires soit à base de métal précieux soit non convertibles, ne se montre croissant, fortement croissant, comme dans le plein de la phase A ou A' antérieure;

- en aucun pays, il n'y a confiance, ni même seulement présomption, ni même admission dubitative que le taux redevienne fortement croissant de façon durable et soutenue;

- au contraire, en plusieurs pays, un effort a été donné pour avoir plus qu'une diminution d'accroissement, pour réaliser un passage de la phase d'augmentation à une réduction effective.

Par tous ces faits, par toutes ces considérations, et ces dernières étant dûment tenues pour majeures, - compte tenu des décalages que nous avons constatés, dans les expériences antérieures, entre un changement de cet ordre dans le mouvement des moyens monétaires (notamment des moyens à base de métal précieux) et les séquences que nous y avons reconnues et qui constituent respectivement les caractères économiques autres des phases A et des phases B, - nous pouvons donc conclure :

François Simiand

Il apparaît très probable qu'à cette heure l'économie mondiale entre, est entrée dans une phase à longue période du second type, dite Phase B, et que la crise mondiale actuelle marque de façon majeure ce tournant d'une phase à longue période du type A en celle phase nouvelle du type B.

S'il en est ainsi, nous sommes fondés à tenter quelques applications des résultats de nos études sur le passé à cette crise.

B. Alors, libérons-nous de positions défectueuses de la question

Une première sorte d'applications nous paraît être de pouvoir tout de suite nous libérer de diverses positions défectueuses de la question, qui ont ici et là trouvé quelque crédit, et en même temps, par suite, des remèdes y correspondant, positions et remèdes formulés avant ou sans étude comparative (du moins suffisante) des expériences antérieures. En voici quelques exemples.

1. La première application serait, tout d'abord, de *rendre présente à notre esprit,* acceptable, familière, *l'idée même* que *de telles fluctuations à* longue période peuvent exister, ont existé et de façon répétée, suivie, et, par suite, qu'au minimum attention doit être donnée à leur présence et action éventuelles dans le trouble présent. Une telle idée est encore très étrangère à nombre de « milieux économiques » dits qualifiés. J'en donnerai ici cette seule petite preuve, mais révélatrice de tout un état d'esprit dans tout un milieu : la première citation que j'ai faite ci-dessus, je l'ai prise non pas dans la publication américaine contenant ce rapport (que je connaissais déjà par elle-même cependant), mais dans un entrefilet de la « Journée industrielle », ce périodique bien connu, dirigé par un agrégé d'économie politique, doté de collaborateurs économiques réputés : or, n'est-il pas significatif que dans ce cadre, sous cet état-major, ce texte ait été inséré uniquement comme une petite « anecdote » ou « curiosité », dans le petit caractère où ou y présente de temps en temps quelques « amusettes » ? et que personne dans cette maison n'y ait, pris l'idée qu'il y avait peut-être bien là quelque indication importante d'un recommencement,

Deuxième partie

d'une répétition possible, à ne pas négliger, à pousser tout au moins un peu davantage, pour voir jusqu'où s'étendait la correspondance et si quelque lumière n'en serait pas jetée sur le renouvellement ainsi aperçu?

2. Mettons-nous en garde, secondement, *contre des observations trop rapides* qui peut-être (et c'est d'autant plus grave) ne laissent pas d'être telles par l'effet de quelque préjugé doctrinal conscient ou inconscient. Nous avons déjà vu, en ce sens, la reconnaissance hâtive d'un tournant de phase interdécennale en 1920-21, commandée par une inclination doctrinale d'hostilité à la théorie dite quantitative, et un manque à assurer davantage les observations par comparaison avec les délimitations éprouvées des phases antérieures, et plus encore à les étendre aux mouvements d'autres indices, d'autres prix, d'autres faits, dont l'ensemble seul constitue la réalité déjà éprouvée.

Et je rappellerai encore, à ce titre, l'affirmation d'un économiste aussi réputé que M. J. M. Keynes qu'en somme le développement économique si remarquable du 19e siècle était caractérisé par une stabilité remarquable aussi des prix. Assurément Il est toujours possible d'avoir (consciemment nu non) l'impression d'un mouvement relativement faible dans l'indice des prix en le prenant en un diagramme à ordonnées d'échelle relativement petite; mais il suffirait de prendre, au contraire, pour celles-Lei une échelle forte pour se donner l'impression de fluctuations considérables.

Comment se donner une constatation objective ? Sans doute, en regardant de plus près aux faits, aux divers faits caractéristiques et concomitants, en se gardant de préjuger, même inconsciemment, que le système monétaire anglais du 19e siècle suffisait à assurer une stabilité des prix : et, dans cet effort d'information positive préjudicielle, on rencontrait le témoignage si décisif que j'ai cité du simple sommaire d'un ouvrage de 1858, où « remarquablement » aussi les traits reconnus par tous (et notamment par M. Keynes) pour caractéristiques des séquences aux mouvements monétaires dits d'inflation sont constatés comme liés à un mouvement monétaire uniquement à base de métal précieux. Et alors, une fois instruits par les faits que « inflation-or » = « inflation-papier » (sous les réserves et différences que j'ai dites), on échappe aux impressions ou illusions purement visuelles des graphiques selon leur échelle de présentation, on en lit mieux les indications, quelle que soit l'échelle, à la lumière de ces faits, qui démontrent comparables de nature (bien qu'assurément très différents d'amplitude relative) les mouvements de la décade après 1850 et ceux des deuxième et troisième décades du 20e siècle, comme déjà ceux allant de la fin du 18e siècle à la première et deuxième décades du 19e siècle; outre que, en regardant mieux aussi à la suite après 1856-57 de l'ensemble de ces faits et voyant comment se caractérise la continuation de la phase jusqu'au tournant reconnu de 1873 pour les prix de gros, on y gagne d'apprendre à mieux dater le tournant présent, ci-dessus À 1°.).

3. Nous allons encore, par exemple, pouvoir, dans le problème tel qu'il nous apparaît posé maintenant ici, éliminer du nombre des interprétations et remèdes à retenir pour topiques et moins encore pour suffisants, et renvoyer de ce chef dos à dos, *deux thèses contraires,* brillamment soutenues toutes deux, environnées toutes deux d'une faveur, d'un retentissement considérables, chacune, il est vrai, d'un côté différent, du côté des groupes ou milieux dont chacune respectivement flattait les tendances et servait ou paraissait servir les intérêts.

3 a) La thèse dite des hauts salaires, à laquelle se sont liés les noms de M. Filene, de M. Ford, a séduit de certain côté en dénonçant comme responsable du dépassement actuel de la production par la consommation la limitation, ou plus encore l'affaiblissement, du pouvoir d'achat spécialement des classes nombreuses, et préconisant donc le remède des hauts salaires par initiative patronale d'intérêt bien entendu, - ceux-ci n'entraînant pas du reste, une augmentation et même s'accordant avec un abaissement du prix de revient, grâce à une rationalisation de la production qui y assure des productivités puissamment accrues par rapport à un emploi relatif et un coût diminués de la main-d'œuvre. Des esprits sans doute trop « terre à terre » se sont demandé comment en comptabilité, même sociale plus qu'économique, les salaires

Deuxième partie

qui ne sont qu'une partie du prix pouvaient, même accrus, acheter le produit total ; comment une productivité obtenue par une diminution de la part du travail humain pouvait comporter tout de même une augmentation croissante aussi des revenus du travail. Certains ont vu quelque difficulté à ce que, même en Amérique, les ouvriers de la Bethleem arrivent par leurs salaires augmentés à acheter des locomotives, et les travailleurs, même qualifiés, de chantiers maritimes à se payer des transatlantiques. Mais plus centralement, si vraiment il dépend de la volonté de patrons ouverts au progrès de doubler, tripler les salaires, et avec avantage pour la production grâce à l'augmentation par là des achats ouvriers, comment comprendre qu'ils ne puissent pas aussi doubler, tripler les profits et par là également (s'ils n'enfouissent pas ces profits dans un trésor) augmenter les achats tout autant, et même cette fois de moyens de production, de biens durables, et non pas seulement de produits de consommation? Et serait-ce leur faire injure, de penser que, le pouvant, ils le veuillent, - au moins par souci de l'intérêt général qu'ils veulent servir, en encourageant par ces emplois, mieux que ne le font les seules dépenses ouvrières, toutes les branches de production ?

3 b) Exactement à l'opposé, nous trouvons la *thèse de « l'assurance contre le chômage, cause de chômage », ou plus* largement de la résistance du salaire à la compression pour abaissement du coût de revient, cause d'arrêt dans la production et d'empêchement à la reprise, à laquelle est attaché le nom de M. Jacques Rueff. On en a critiqué, discuté le fondement positif ; relevé la brièveté de l'expérience invoquée, sa limitation à un seul pays, même important; on a, par ailleurs, signalé des épreuves contraires, ou tout au Moins peu satisfaisantes, en d'autres pays dans le même temps; on a noté, sans du reste en pousser assez les conditions et les conséquences, la différence entre les écarts moyens des deux variables; on a utilement marqué que la relation d'expérience originaire elle-même ne s'établissait pas avec le salaire, puisque celui-ci y était une constante, mais sans assez dégager que, par là même, les mêmes relations et conséquences pouvaient s'invoquer avec tous autres revenus de la production, qui (comme c'est le cas, avons-nous vu) se trouvent résister à la compression tentée en vue des abaissements du coût

de revient. Nos expériences plus diversifiées, et surtout remontées plus haut, en périodes à doubles phases et plusieurs fois répétées nous permettent plus : le postulat d'un équilibre économique, tel que défini, et se rétablissant tout seul pour le meilleur intérêt économique (pourvu que ne s'exerce aucune intervention des groupes ou de la puissance publique), se montre extérieur à la réalité *dans une* économie progressive; et spécialement le jeu de forces en phases B, qui aboutit à la partie du processus de progrès économique qui correspond à ces phases, non seulement n'est pas empêché, mais, très exactement, est commandé, causé par la résistance des revenus atteints à la hausse (et ajoutons des divers revenus de la production, et non pas seulement du salaire) à être comprimés selon un simple automatisme réversible à la baisse. Et cette tendance fondamentale, plus ou moins efficacement affirmée selon la force et la cohésion des parties, plus ou moins appuyée par telle ou telle action (ou tentative d'action) de la collectivité, mais, au degré près, toujours présente là où la seconde branche du processus du progrès économique a été observée, nous apparaît maintenant sanctionnée d'une expérience séculaire, et favorable, dans toute l'évolution moderne et contemporaine des pays économiquement les plus avancés. Pourrions-nous, sur la base de cette expérience, souhaiter mieux à l'industrie anglaise de ce temps que de trouver encore, par rapport à ses difficultés présentes, et même par leur effet, un développement pareil à celui que cette assurance contre le chômage de type médiéval que nous y avons constatée dès le 17o siècle a sans doute contribué à lui commander au 18e et au 19e siècles, pour l'exemple, l'envie et l'imitation de tous les autres pays ?

Balançons donc l'un par l'autre cet interventionnisme arbitraire et ce non-interventionnisme irréel; et guidons-nous sur les enseignements répétés des faits, en reconnaissant et comprenant le jeu objectif de tendances et d'actions qui a conduit, et sans doute peut conduire, l'évolution aux :résultats de progrès économique.

C. Ne nous attachons pas d'abord aux faits circonstanciels

Une autre et peut-être plus importante sorte d'applications

Deuxième partie

doit être dégagée sans plus tarder : celle de ne pas nous attacher d'abord, dans la grande crise présente, aux faits circonstanciels, de ne pas les considérer d'abord, de façon unique ou même seulement principale, comme des causes, comme des conditions de cette crise qui y soient relativement contingentes ou, en tout cas, spéciales.

Une comparaison peut être utile à bien marquer et éclairer notre position ici à leur égard. Supposons que sur tous les individus d'un groupe humain on vienne, à un moment, à observer des symptômes de fièvre, d'abattement, avec souffrances plus vives pour tel dans la tête, pour tel au cœur, ou au poumon. On peut penser, d'abord, à des conditions propres à chacun de ces cas différenciés, et à des affections distinctes. Mais supposons maintenant qu'on trouve chez tous un bacille commun, mettons de la typhoïde. Nous n'en méconnaissons pas pour cela les différences d'atteinte; au contraire, nous distinguons entre cas bénins et cas graves, et ne nions certes pas davantage l'existence ni l'importance de la complication cérébrale chez l'un, cardiaque, pulmonaire chez d'autres, etc. Nous disons simplement et en propre : tout de même le trait majeur, et qui commande les autres dans chacun de ces cas, c'est la typhoïde; et c'est ce trait d'abord qui est essentiel dans le diagnostic, indispensable pour le pronostic, prédominant pour le traitement.

1. Entre les faits circonstanciels dénoncés comme responsables (en tout ou partie) du trouble présent, le plus invoqué, et assurément non sans grandes apparences, est sans doute *la grande guerre mondiale et ses suites*.

C'est elle, nous dira-t-on avec force, qui est à l'origine :

- de déséquilibres profonds entre les productions antérieures et leurs débouchés empêchés ou modifiés, et pendant le temps des hostilités et depuis même, et pour divers ordres de raisons;

- de déséquilibres entre les productions, leurs natures, leurs proportions dans le temps de paix antérieure, et celles qu'ont entraînées les conditions du temps de guerre et celles d'après encore;

- de perturbations profondes par des faits à la fois aussi importants et aussi anormaux que les destructions, les ruines, et tout autant les réparations et reconstructions appelées par elles ;

- de modifications considérables et nouvelles dans les situations respectives, les relations, les dépendances, des pays entre eux, anciens, nouveaux, belligérants, vainqueurs, vaincus, non belligérants, entre certains ensembles et groupes, entre les continents, les parties du monde.

- Ainsi, conclut-on, c'est une a liquidation » de la guerre et de ses suites qui est au fond du mal présent, et qui péniblement, durement, n'est pas encore achevée et pourtant doit l'être; et ce sera le salut.

Assurément c'est dans l'état actuel du monde un trait aussi important que celui mettons d'une congestion pulmonaire dans une typhoïde. Cependant ce n'est pas en propre la maladie fondamentale, caractéristique, du monde économique actuel, celle à traiter d'abord ou qu'il suffit de traiter pour pleine guérisson. Car :

a) Comment comprendre alors le courant indéniable de développement économique et de prospérité reconnue qui s'est manifesté dans une très grande part du monde et aussitôt après la guerre, et de nouveau reprise et soutenue pendant presque une décade d'années ? Comment comprendre le paradoxe que cette poussée économique se soit manifestée remarquable, - on le lui a bien assez reproché, et d'ailleurs en la bien mal interprétant, - en France, c'est-à-dire dans le pays qui a été le plus atteint, sans aucun doute, par les destructions de guerre, et en hommes et en biens ? Euphorie factice, nous dira-t-on, et sans lendemain. Mais alors, autre paradoxe inverse que, dans le même temps, semblable poussée et plus forte encore se soit marquée dans le grand pays le plus avancé tout à la fois et le moins atteint par la guerre, les États-Unis, ainsi que les extensions, en cette même période, de sa position économique dans le monde: à se rappeler l'enthousiasme des participants et l'orgueil de leurs conducteurs, et à constater leurs efforts pour y revenir, cette poussée leur paraît-elle et nous paraît-elle y avoir été seulement illusoire ?

b) Quel qu'en soit le caractère et l'analyse économique exacte,

Deuxième partie

l'antécédence d'une grande guerre peut-elle se soutenir comme correspondance régulière de fait à un tournant de cet ordre ? Celui de 1815-18 qui se place ainsi après la fin de guerres étendues à travers l'Europe, et même à travers le monde, de la fin du 18e siècle jusqu'en 1812, 14, 15, selon les cas, pourrait y donner apparence. Mais avant celui de 1873-75-80, la guerre de 1870-71 limitée à la France et à l'Allemagne (et que nombre de faits montrent, du reste, n'avoir amené une interruption que bien courte ou bien secondaire dans le développement économique de l'un et l'autre pays) ne saurait se voir attribuer pareil rôle pour l'économie mondiale : ou alors il faudrait tout autant l'accorder soit, avant elle, à la guerre d'Italie de 1860, de Crimée de 1854, soit, après elle à la guerre russo-turque de 1878, anglo-boer de 1899. Et pareillement, pour le tournant comparable du milieu du 17e, siècle, une opposition ne se marque pas bien apparente ni topique entre la somme de guerres à reconnaître avant et après.

c) Il serait à voir, du reste., si, à l'inverse, ce n'est pas plutôt le fait des guerres, ou tout au moins celui des éléments et caractères économiques les accompagnant (et spécialement dans l'expérience récente), qui aurait à être reconnu conditionné par nos grandes phases économiques. Mais cela déborde notre cadre.

Jusqu'à preuve contraire sur ces divers points, tenons-donc la grande guerre et ses suites comme un des faits antécédents de la situation actuelle qui est assurément considérable, et surtout qui peut différencier notablement en un sens et en un autre, et à beaucoup d'égards divers, les situations des divers pays ou groupes de pays; mais non pas comme l'antécédent topique et le plus direct, non pas comme la cause de la crise présente.

2. L'état des *finances publiques intérieures* a beaucoup attiré l'attention et fondé d'interprétations. Notamment, l'année dernière encore, le déséquilibre survenu ou seulement menaçant dans le budget britannique n'a-t-il pas été dénoncé comme étant l'origine de la « défaillance de la livre » ? Et n'est-ce pas l'influence de pareilles menaces ou même réalisations bien effectives que nous devons apercevoir aux points les plus névralgiques de la perturbation

mondiale présente ?

Ici encore quelque comparaison historique sommaire nous empêche aussitôt de trouver à nos tournants de phases à longue période une antécédence régulière, topique et générale, de déséquilibres budgétaires ; et dans les observations continues auxquelles nous avons fait allusion, nous avons des exemples répétés de dépassements des dépenses par les recettes publiques qui apparaissent en phases A et s'y montrent sans conséquences défavorables (si même ils ne sont pas plutôt, ou plus exactement leur formation et leur résorption faciles, à interpréter comme des symptômes d'un développement largement favorable). D'où nous serions inclinés à ne pas méconnaître l'importance de ces ordres de faits dans la situation actuelle, mais à y donner, en phase B, une autre signification et application, comme étant conditionnés plus que conditionnant.

Au total, n'auraient-ils pas surtout l'importance de pouvoir amener des changements dans la situation respective et relative des divers pays ? Mais cela vaut-il comme raison pour un trouble économique que nous voyons manifesté pour l'ensemble de tous les pays ?

3. Les *dépendances* internationales des *finances publiques de nombreux États* par rapport à d'autres, et, pour certains, à la fois en créance d'un côté et dette d'un autre, ont été plus d'une fois, et sont de nouveau présentement, dénoncés comme la grande raison de la perturbation actuelle. Dettes économiques, dettes politiques, contractées pendant la guerre ; avances et crédits constitués depuis; règlements internationaux, aménagements successifs, inobservations et difficultés répétées : tout ce domaine complexe où se heurtent les intérêts, les thèses, les théories même, fournit ample matière à étiologie et à thérapeutique du mal mondial présent.

Cependant n'aurions-nous pas quelque hésitation, d'abord, en nous entendant à la fois déclarer, d'un côté, par des auteurs réputés, que ces règlements sont et étaient, dans leur origine et par leur ampleur même, une impossibilité économique, et d'un autre côté, par une voix doctrinale, réputée aussi, que le

Deuxième partie

problème des transferts n'existe pas ? N'aurions-nous pas quelque surprise que le trouble soit dénoncé de ce chef par des pays plutôt créanciers ou bien encore hors de cause ? Ne serions-nous pas inquiets du paradoxe volontiers signalé que tel gros débiteur ait pu se reconstituer et développer aussi remarquablement à travers, -sinon par, - des faillites successives, et qu'il paraisse, dans le même temps, avoir réussi à intéresser à son affranchissement gratuit du solde considérable de ses engagements, - dont, pour les premiers termes, il s'est encore acquitté (quand il s'est acquitté) surtout par d'autres prêts ou crédits extérieurs à lui consentis, - justement ces pays que son avance économique, une fois ainsi libre, pourrait le plus gravement concurrencer ?

Ici encore regardons aux tournants antérieurs correspondants. Quelque analogie peut-être, mais fort différente de degré et de condition, pourrait s'invoquer pour celui de 1815-18 ; mais non point pour celui du milieu du 17e siècle. Et pour celui de 1873-75-80, ou bien on trouverait à dire qu'un règlement considérable de cet ordre, celui de la France à l'Allemagne (si l'on retient la guerre de 1870-71 comme antécédent), effectué pleinement et avant le temps, paraît avoir profité notablement au créancier, sans que le débiteur n'ait été, *de ce chef,* mis en resserrement économique autrement ou plus tôt que l'autre et d'autres pays; ou bien, et plus exactement, on n'apercevrait pas d'antécédent général de cet ordre à ce tournant cependant général.

Nous nous trouvons donc encouragés par les précédents à tenir, dans la conjoncture présente, comme argument assez probant tant pour une indépendance réelle des faits que pour une inefficacité du remède correspondant, ce fait qu'au moratoire dû à la brusque inspiration du président Hoover en juin 1931, annoncé comme une panacée à ne pas différer d'un jour, aucune atténuation notable n'ait succédé dans la dépression économique mondiale. Et même, comme il s'est manifesté en ce temps plutôt une aggravation encore, la responsabilité pour de telles interventions serait plutôt à retourner : argument fourni aux opinions qui tiennent pour faiblement appropriée à rétablir dans la vie économique la confiance, une proclamation, même concertée, d'un manquement délibéré et général à l'exécution des engagements consentis.

François Simiand

4. Moins politique, plus technique, - au moins en apparence, - se présente la responsabilité du marasme présent attribuée aux *changements récents dans la distribution de l'or,* l'accumulation par les États-Unis et davantage encore par la France de ce substrat encore si demandé comme base, tout au moins de référence, pour les monnaies, et comme moyen de règlement pour les différences, surtout de pays à pays, mais qui, nous répète-t-on doctrinalement, ne joue ce rôle, qui serait le sien propre, qu'à la condition de se distribuer entre les hommes et les pays selon leurs activités effectives, et surtout progressives, et à celle (au-dessus d'un minimum de couverture monétaire aussi bas qu'il peut être éprouvé) de circuler le plus possible. Haro sur les bas de laine, et spécialement les bas de laine français, accapareurs et stérilisateurs de l'or qui fait besoin au monde et qui, rien que par une meilleure redistribution, lui réapporterait le salut !

On a déjà répondu que ces changements récents dans la localisation de l'or entre les pays (non plus, du reste, que les mouvements antérieurs de même ordre, sinon de même destinataire ou de même amplitude) n'étaient le résultat :

ni du hasard ;

ni de la politique soit des États dits accapareurs, soit de leurs banques centrales ;

ni de caprices, individuels ou collectifs ;

ni même de la passion de thésaurisation métallique chez ces arriérés économiques que seraient les Français ;

- mais bien, cette fois comme précédemment, qu'ils résultaient : du règlement des balances entre pays;

des mouvements dans les crédits consentis ou rapportés, et dans les dépôts laissés ou retraits effectués, par la volonté et selon les raisons de conduite économique des particuliers, nationaux et non nationaux de ces pays.

Et donc si un solde important, croissant, se manifeste pour un pays, c'est que les activités et opérations économiques faites de ce pays ou pour ce pays par ses nationaux ou par d'autres, ont abouti à un excédent ; et si le solde s'y stabilise, c'est que les détenteurs (nationaux ou non nationaux) de ce solde ne sont pas en disposition de l'en faire sortir : à qui la faute si cette disposition leur vient de

Deuxième partie

mécomptes récents et cuisants, et d'inquiétudes sur nouveaux frais, qui, par contre, se localisent hors ce pays ? Ne serait-ce dore pas résultat, plutôt que cause, de la perturbation ? Et l'on recourt à notre fabuliste et à son « Renard à la queue coupée » :

Mais tournez-vous de grâce, et l'on vous répondra.

Mais avec les résultats de nos expériences passées nous pouvons maintenant dire plus.

Quoi qu'il en soit des origines de cette distribution et des possibilités de la modifier, le remède, - si l'on y cherche un remède, - ne correspond pas au mal : c'est un traitement d'indigestion appliqué à guérir une fièvre quarte. Car, si nos constatations sont exactes, si nous avons bien vu que l'antécédent monétaire, dont le jeu est la condition initiatrice des expansions ou des resserrements économiques, c'est non pas la quantité absolue ou relative des moyens monétaires, mais le taux d'accroissement de ces moyens ou plus exactement encore la variation dans le taux d'accroissement de ces moyens, dès lors il est manifeste qu'une nouvelle répartition de l'or, quels qu'en puissent être les bases et les mérites, n'augmente pas le taux d'accroissement du stock mondial de l'or, et même n'accroît pas ce stock. C'est simplement « découvrir saint Pierre pour couvrir saint Paul », et en l'espèce peut-être bien un saint Pierre qui n'a nullement démérité de garder son manteau, pour un saint Paul qui a tout fait pour perdre le sien.

Ou encore, s'il n'est qu'un seul manteau, le partager en deux ne fait pas deux manteaux, mais deux moitiés de manteau. Autrement dit, l'opération, si elle était réalisable et réalisée, même de la meilleure volonté de tous, aurait simplement pour caractère et pour résultat d'étendre la dépression, ou de l'étendre plus forte, des pays qui l'ont subie le plus (et peut-être ont fait justement ce qu'il fallait pour qu'elle y fût telle) à ceux qui y ont échappé ou l'ont subie moins forte (et ne laissent pas peut-être de l'avoir bien gagné). Ne disputons même pas si le sort actuel de chacun est plus ou moins mérité ou non : est-ce, dans un groupe d'hommes partiellement ou inégalement atteints d'une maladie, apporter la guérison aux plus atteints que de rendre malades ou plus malades ceux qui ne le sont pas ou le sont moins ? est-ce même et surtout apporter une amélioration pour l'ensemble de ces hommes ?

François Simiand

Et enfin, que si cet ordre de faits manifeste des changements intervenus dans la situation mondiale relative de tel pays en un sens, et de tel pays -en un autre, est-ce sans précédents, et justement dans ou après le tournant de nos grandes phases économiques dans le passé ? Et le progrès économique humain a-t-il été arrêté, disons plus : n'a-t-il pas été développé tout de même, non point peut-être « par », mais tout au moins « avec » cette « course du flambeau » entre les pays ou les continents?

D. Dégageons-nous des explications et des remèdes de cabinet

Ce dernier ordre de faits, pour autant qu'il ne serait pas (ou ne serait pas uniquement) « circonstanciel », nous conduit à envisager un autre ordre d'applications où les exemples d'importance nous manqueront moins encore : ces applications seront de nous dégager des explications et des panacées « de cabinet », simplistes, conceptuelles, souvent tautologiques, ou prenant l'effet ou le signe pour la cause, et en tout cas extérieures, contraires, sinon doctrinalement opposées, à l'expérience répétée tirée des faits.

1. *Déséquilibre allégué de l'offre et de la demande des produits.* - Un auteur écouté, spécialement en la matière, M. Kellersohn, dans une conférence récente, nous amenait, après dues précautions et préparations, à une découverte fondamentale : « Je crois, Messieurs, que, sans contestation possible, le fait économique fondamental dans cette crise est une rupture d'équilibre entre la production et la consommation. » J'imagine que parmi les auditeurs, même d'abord éblouis par cette révélation, il a dû se trouver quelques tenants de l'équilibre économique, conçu comme le fonctionnement normal, pour penser que, si crise = perturbation de cet équilibre, cette révélation était sensiblement tautologique. Mais s'il est exact, pour l'observateur sans préjugé doctrinal, que la vie économique, et surtout .la vie économique progressive, est une succession de déséquilibres, cette « révélation » n'est même pas vraie. Ce qui intervient, c'est un changement dans le sens du déséquilibre.

Mais alors nous rencontrons une grave controverse doctrinale.

Deuxième partie

Nous avions hier A<B ; tout le monde en est d'accord. Aujourd'hui l'inégalité est renversée, tout le monde en est d'accord encore. Mais grande bataille : devons-nous l'écrire A >B ou bien B<A ? Remplaçons A par production et B par consommation : c'est le grand problème, tant discuté, de savoir si, dans la situation actuelle, nous devons dire « surproduction » ou bien « sous-consommation ».

A vrai dire, même si, quant à l'expression simple du fait en lui-même, nous n'arrivons pas à nous passionner pour A>B contre B<A, ou au contraire pour B<A contre A>B, nous ne sommes pas sans apercevoir que les préférences pour l'une ou bien pour l'autre de ces expressions correspondent à des points de vue de parties distinctes et même opposées, tenant celui des termes A et B qui les concerne respectivement le plus chacune pour normal à son état antérieur, et mettant donc à la charge de l'autre et le changement intervenu et le remède à intervenir.

1 *a. Le mal est la surproduction.* N'y a-t-il pas trop de blé, trop de charbon, trop de matières premières, puisque les stocks invendus s'en accumulent, que les prix baissent, baissent au-dessous même du prix de revient (accoutumé). - Remèdes immédiats: brûler le blé, noyer le café en trop. Remèdes à échéance : diminuer les emblavures, restreindre les mises en exploitation ou même les exploitations déjà en état, s'entendre pour limiter, pour réduire la production.

Quelques tentatives d'une telle politique, spéciales à une marchandise et à un cadre (vin, caoutchouc, etc.) pourraient, par leurs vicissitudes et même leur échec final, mettre en doute soit sur la réalisation effective durable, soit sur l'efficacité du remède : les prix ont baissé encore, la restriction n'a pas tenu.

Mais, *en fait, plus* largement, notre expérience des grandes fluctuations antérieures nous apprend, et à l'inverse, que le développement des Phases B, après les recours infructueux à cette panacée en leur début, a tourné à chercher une augmentation plus forte encore des quantités de produits, et spécialement des matières premières, et cela avec abaissement du prix de vente, et alors aussi, après efforts convenables, du prix de revient ; et qu'il y a réussi.

1 b. Le mal est la sous-consommation. Comment peut-on dire qu'il y a trop de blé, trop de coton, trop de charbon produits, alors que le monde, dans certaines de ses parties, connaît encore des famines, des sous-alimentations manifestes, que tant d'hommes manquent de chemises à leur besoin, de combustible pour ne pas souffrir du froid ? Oublie-t-on combien d'êtres humains dans le monde sont encore au-dessous, bien au-dessous de ce que nous tenons ici pour l'indigence ? Et plus largement encore, pour les produits ou les quantités au delà de ce minimum, les hommes participant à la civilisation économique du type avancé, et d'autant plus qu'elle est plus avancée, ne nous sont-ils pas caractérisés comme des êtres de besoins toujours extensibles, ce trait étant source et résultat tout à la fois du progrès des productions ?

Mais, au vrai, en nos phases A d'expansion économique, n'existait-il pas une notable sous-consommation, - notre expérience à tous est à cet égard toute récente, par nous-mêmes ou par de nombreux exemples sous nos yeux, - pour tous ceux dont les ressources se trouvaient ne pas suivre le rythme des prix des produits dont ils avaient, sentaient le besoin, dont ils avaient eu pratique antérieure ? Quelqu'un alors dénonçait-il ce fait comme source de crise pour la production, alors que celle-ci était emportée en un élan et un gain croissants ?

Eh ! dira-t-on sans doute, c'est que le « besoin économique », le seul besoin qui compte dans le fonctionnement économique (du moins durablement et sur l'ensemble), c'est le besoin qui peut payer. En phases A se rencontrait, et même devançant la production, le besoin, non pas de ces désavantagés sans doute, mais d'autres, de ceux bénéficiant de la phase ; et c'est ce pouvoir total élargi d'achat qui achetait. - Alors, que les revenus pouvant acheter augmentent aussi en phase B : et la crise sera conjurée. Seulement, comme ces revenus, plus ou moins directement, mais sûrement au total, procèdent des revenus de la production, comment, se demande-t-on, augmenter ceux-ci, sans augmenter les coûts de revient, alors que nous y sommes en nécessité de les abaisser ?

En fait cependant, dans nos phases B antérieures et du moins sur leur ensemble, la demande qui pouvait payer a bien réussi à augmenter, en réponse à une production accrue avec prix abaissés.

– Ainsi surproduction et sous-consommation, en déséquilibre de l'offre et de la demande, telles qu'analysées pour l'explication de la crise présente, ni ne nous font comprendre pourquoi ce changement est intervenu, ni ne nous conduisent à plus qu'à des solutions contradictoires entre elles, et chacune avec les faits.

2. Déséquilibre allégué entre les possibilités pour la production et les exigences de certains revenus. – Mais une analyse plus savante et plus neuve se présente au secours de la doctrine : le déséquilibre qui est à la racine de la crise est celui qui se révèle entre les possibilités pour la production de produire utilement et les exigences imposées par certains revenus à cette production. C'est la faute au patronat, entendons-nous dire d'un côté, au patronat qui ne veut pas réduire ses profits à la portion congrue que lui imposent les conditions nouvelles de la concurrence et du marché.

C'est la faute aux ouvriers, entendons-nous dire d'un autre, qui ne veulent pas consentir à un abaissement de leurs salaires conforme à la réduction des coûts de revient, exigée par celle des prix des produits sur le marché, et préfèrent se faire condamner à un chômage ruineux pour leur industrie et tôt ou tard ruineux pour la collectivité à laquelle directement ou indirectement ils tombent à charge.

Et ceux-ci de répliquer : si nos salaires s'abaissent à proportion, vous diminuez pour autant les achats possibles et ne pouvez remonter de vos prix abaissés par une production écoulée accrue.

Et le patronat menacé, par cette voie ou par la première, dans le revenu qui lui apparaît indispensable au maintien, au développement de son activité, dira qu'il préfère alors suspendre sa production.

De l'une ou de l'autre manière, le système paraît se bloquer.

Et cependant, en fait, sur l'ensemble de chaque phase B antérieure, ces dispositions cardinales de ces revenus tant patronaux qu'ouvriers, se sont maintenues, et ces extrémités n'ont pas pourtant, ni dé l'une ni de l'autre manière, été réalisées. Plus même, *c'est parce que* ces revenus ont, les uns et les autres, manifesté, exercé cette résistance, que cette force puissante d'inertie, avons-nous vu, a, de chaque côté, obligé la force antagoniste à donner l'effort sauveur, conciliateur, augmentant la production, augmentant le rendement.

3. *La faute à la rationalisation.* - Mais à quel prix ! entendons-nous dire alors. Au centre même de tous les processus par où s'obtiennent ces productions et ces productivités accrues, - mécanisation, concentration, travail à la chaîne, rationalisation, etc., - n'avons-nous pas diminution, élimination même du travail ouvrier, mise en chômage fondamentale, durable, croissante ? L'économie réalisée dans ce processus ne s'analyse-t-elle pas justement en un remplacement de cet agent humain, qui est trouvé coûter trop cher, par des agents qui coûtent moins ou même comme tels ne coûtent rien ? Et voilà l'évangile d'il y a quelques années à peine, le progrès et tout à la fois le salut assurés par « l'hymne à la production », par la rationalisation, qui introduit dans le fonctionnement économique une contradiction irrémédiable et donc, à plus ou moins longs termes, fatale.

Et cependant en fait, en nos phases B antérieures, c'est, sous différences de détail ou dans le degré, mais en exacte analogie de formation, de déroulement et de conséquence, ce processus qui a fonctionné, et qui, dans l'ensemble, a réussi et à utiliser plus, et toujours plus efficacement, les forces naturelles gratuites, et à maintenir au travail humain, dûment approprié aux conditions nouvelles, tout à la fois un rôle plus digne de lui, au total, et une situation finalement meilleure.

4. *La faute à l'économie non dirigée, et la faute à l'économie dirigée.* - Tout cela encore ne nous fait pas atteindre le responsable, - le responsable du passage de cette euphorie de la phase A antérieure à cette dure restriction du temps présent, même si elle doit finalement se tourner en mieux. - Et bien dégager cette responsabilité est d'importance pour notre conduite future.

Écoutons les enseignements très qualifiés de la doctrine, de la doctrine ancienne, de la doctrine récente. Celle-là nous disait encore naguère, et de longue autorité, que ces perturbations régulièrement retrouvées depuis le développement d'un système d'échange complexe, avec liberté de production et liberté de consommation, devaient bien s'expliquer par quelque jeu à reconnaître lié intimement à ce système; et donc devaient bien être à accepter comme « rançon » du progrès économique auquel il a sans conteste abouti. C'est cette liberté, ou plutôt cette « anomie », essentielle à cette économie non dirigée, qui était à l'origine de ces fluctuations. Il fallait bien en prendre son parti, si l'on tenait à cette économie pour ses résultats terminaux. - Et de fait c'est bien elle qui dominait dans le monde économique tant au tournant de *1815-18* qu'à celui de *1873-80*.

Mais, depuis quelque temps, c'est le procès de « l'économie dirigée » qui devient la caractéristique de la bonne doctrine. Critiques, ironies, reproches s'accumulent contre la prétention, - il est vrai un peu trop imprudemment déclarée peut-être, - de tels dirigeants de grand État ou de grande Confédération d'États, de tels conducteurs de grands établissements ou de grands groupes bancaires, financiers, et même industriels ou commerciaux, d'avoir voulu : - « agir » sur l'économie, en tel de ces cadres, pour freiner à temps dans les baisses menaçant, défendre les prix contre elles et à tout le moins les maintenir à niveaux élevés et rémunérateurs, et avec la perspective d'améliorer encore les résultats économiques, largement exprimée, ou soutenue, dans la hausse des titres à cette répartition future ; - « agir » sur l'économie, en tel autre cadre, en imposant d'autorité un aménagement monétaire et bancaire sans correspondance avec les conditions réelles des activités et possibilités réelles du pays ; - « agir » sur l'économie, en tels autres cadres encore, pour orienter d'office les activités, les institutions, les hommes, vers les fins supérieures fixées d'autorité pour la nation ; etc.

Il est vrai, les différences mêmes qui se marquent entre ces actions, leurs objets, - et leurs résultats respectifs, - ne permettent guère de leur attribuer la responsabilité de la crise présente que par ce qu'elles ont de commun : le caractère négatif de ne pas laisser les forces économiques individuelles jouer librement leur jeu. Mais, si tel était le vrai au temps des tournants antérieurs homologues, comment cette limitation (relative du reste, et effective, cela se discute) amène-t-elle cette fois au conséquent qui, en ces expériences antérieures, correspondait à son absence ?

François Simiand

Plaiderait-on du moins « demi-coupable », en ce sens que cette action « artificielle » aurait retardé - et par là fâcheusement aggravé - le déroulement « normal » de la fluctuation ? Ainsi, dans tel de ces cadres, en soutenant, poussant les représentations d'aléas futurs au lieu de les laisser tomber tout de suite, on n'a fait, après les avoir portées plus haut, qu'accroître la profondeur de leur chute, -inévitable - ? Tels des intéressés, après tout, s'en consoleraient, en arguant que l'euphorie du temps de hausse a permis de gonfler quelques matelas qui ont tout de même amorti cette chute, même de plus haut. Et encore, les pays, les groupes qui ont (par tel ou tel concours de raisons ou de circonstances, du reste, plus que par leur action délibérée) bénéficié davantage de ce retardement, en souffrent-ils tellement plus, même ''aujourd'hui ?

Mais ce débat pour nous ici n'a pas besoin d'être poussé ni conclu. Puisque, de nos trois tournants homologues des 19e-20e siècles, deux relèvent d'une économie non dirigée, et un seulement, tout au plus, d'une économie dirigée, pouvons-nous voir l'antécédent topique, dont nous nous soucions avant tout, soit dans l'une soit dans l'autre ? ne devons-nous pas plutôt penser à quelque antécédent majeur qui, à travers l'une, ou à travers l'autre (resterait donc à discuter si c'est avec aggravation ou avec atténuation, - ou sensiblement en indifférence), arrive à déclencher le passage de phase A en phase B ?

5. *La perte de confiance*. - Mais alors comment ne pas apercevoir, ne pas dénoncer comme le facteur d'un tel retournement, s'il se produit ainsi en un cas comme en l'autre, dans tous les pays, dans toutes les branches, ou plutôt allant, se communiquant, d'un pays, d'une branche, à une autre et encore une autre, quelque contagion épidémique manifeste dans le comportement économique des hommes ? Pourquoi les acheteurs s'abstiennent-ils d'acheter ? - parce qu'ils se défient de quelque baisse prochaine des produits, de quelque diminution possible de leurs ressources. Pourquoi les chefs d'entreprises hésitent-ils à faire de nouvelles mises en train, et même modèrent-ils, suspendent-ils leurs productions déjà en cours ? - parce qu'ils manquent de confiance dans le cours des affaires, dans l'extension des marchés, des pouvoirs d'achat. Pourquoi les détenteurs de ce moyen général de produire,

Deuxième partie

et d'augmenter la production, qui est le capital se réservent-ils si fâcheusement pour les producteurs ? - parce qu'ils n'ont pas confiance dans les résultats des emplois auxquels il serait affecté.

La perte de confiance, voilà cette fois découverte par des esprits perspicaces, par des analystes intrépides et triomphants, la cause, la vraie cause de la de la crise. Et de *là* le remède : il faut et il suffit que la confiance renaisse, la crise est conjurée.

Oui sans doute; mais comment, pourquoi cette perte de confiance s'est-elle produite à Wall Street en octobre 1929, et non pas dans toutes les années d'avant, où au contraire triomphait une insolente confiance ? Comment, pourquoi s'est-elle manifestée avant, après, différemment, en d'autres pays ? Comment, pourquoi est-elle intervenue antérieurement en de certaines années et non en d'autres ? Ne serait-ce pas de quelque utilité à préciser, pour préciser aussi les moyens, les conditions, pour que cette confiance renaisse ?

Jusque-là ne prenons-nous pas l'effet pour la cause? Ou plutôt ne répétons-nous pas cette explication du *Médecin malgré* lui : « Votre fille est muette parce qu'elle a perdu l'usage de la parole » ?

E. Mais gardons-nous aussi d'interprétations trop hâtives de l'antécédence monétaire

Si nous venons d'appliquer nos résultats à tâcher de nous dégager des explications et des remèdes trop idéologiques, nous allons maintenant, à l'opposé, les appliquer à nous garder, tout autant, d'interprétations trop hâtives de l'ordre de faits lui-même auquel nous avons abouti comme provocateur de la crise présente : d'interprétations trop hâtives que nous voyons s'attacher à une antécédence du fait monétaire, mais mal observée, mal comprise, et se développer aussitôt en médications aussi mal fondées.

1. *La suffisance ou l'insuffisance de l'or actuel ?* - De ce type sont d'abord toutes les études qui s'appliquent centralement, mais seulement à voir si la quantité d'or dans le monde aujourd'hui est suffisante, ou n'est pas suffisante. Totalisations, décompositions,

comparaisons statiques entre les pays et les temps aboutissent le plus souvent à soutenir que ces disponibilités sont bien suffisantes, pourvu qu'elles soient employées mieux, autrement. Tel grand comité international constitué pour l'étude de ce problème parait s'être concentré sur des recherches et des résultats de cet ordre. Et s'ils sont affirmatifs, on s'en félicite et s'en satisfait.

Que les éléments de cette analyse, et plus encore des inductions qui s'y fondent, soient discutables ou non, - et souvent ils le sont fort, - nous pourrons ici écarter cet examen en disant simplement : quoi qu'il en soit, ce n'est pas ce qui est en question. Ce n'est pas une possibilité statique qui importe ; c'est une virtualité dynamique. C'est l'augmentation, ou même plus exactement le taux d'augmentation et la variation dans le taux d'augmentation qui joue un rôle ; c'est là toute la détermination et la seule qui est topique et décisive,

2. *La mythe de l'accroissement moyen, normal, de l'or.* - Nous nous dégagerons aussi radicalement du mythe de cet accroissement moyen, normal, de l'or auquel divers auteurs des plus qualifiés, le professeur Cassel encore dernièrement, divers travaux du Comité de l'or de la Société des Nations, ont attaché tant d'importance et par rapport auquel ils ont pensé établir les liaisons décisives du mouvement des prix et du mouvement du stock de ce métal précieux. On a déjà montré, et en objection grave pour cette détermination, que ce taux moyen d'accroissement, par rapport auquel étaient calculées les différences, en plus ou en moins, ensuite mises en corrélation avec le mouvement des prix, avait été obtenu sur le mouvement du stock d'or pour la seconde partie du siècle seulement, et non pour l'ensemble : et, cette correction faite, la correspondance n'apparaissait plus.

Mais disons maintenant plus encore : c'est le principe même de cette opération, bien ou mal exécutée, qui est une pétition de principe, et contraire au fait. Le fait, ce n'est pas un accroissement moyen, normal ou non, du stock précieux : c'est un accroissement où alternent les périodes d'accélération et celles d'atténuation ; c'est cette alternance qui joue un rôle dans le développement économique, et nous avons vu combien central et combien fécond. L'opération tentée ici est tout à fait semblable à ce que serait la

Deuxième partie

détermination d'un accroissement moyen de la température, mettons d'octobre à juillet de l'année suivante, comme étant la variation normale, avec prétention d'en trouver correspondance avec ce qui serait le mouvement normal de la végétation : le fait, le fait réel, c'est un fort abaissement, et ensuite une forte augmentation, c'est hiver + été, et non pas quelque saison neutre continue qui n'a jamais été réalisée; et c'est par rapport à cette alternance, fait fondamental, que s'établissent les rapports avec notre végétation.

3. Considérations puériles sur la variation de production de l'or. - Nous nous dégagerons aussi de ces tentatives touchantes jusqu'à la puérilité, qui ont été faites de divers côtés, et, je crois bien, dans certaines parts des travaux économiques de la Société des Nations ou sous ses auspices (et avec l'application, hâtons-nous de le dire, la plus consciencieuse et la plus digne d'un meilleur succès), pour suivre pas à pas, de mois en mois (- et pourquoi pas de jour en jour ?), la production aurifère, afin d'en prévoir aussitôt, selon qu'elle hausse ou baisse relativement d'un mois sur les précédents, un tournant dans le processus économique mondial. Ce n'est pas seulement, là comme ci-dessus, s'attacher uniquement aux quantités absolues produites, alors que ce qui importe, avons-nous vu, c'est leur rapport au stock préexistant et la variation de ce rapport.

Plus gravement, pour l'induction ou seulement l'attente qu'on en tire, c'est appliquer d'office la thèse d'un « quantitativisme » automatique avec un simplisme qui méconnaît les autres éléments et conditions bien marqués par les représentants les plus qualifiés de cette tendance théorique. Mais nous pouvons dire plus ; c'est ne pas tenir compte de tous les autres faits que nous avons, au contraire, reconnus essentiels au développement de l'action sur la vie économique par les changements dans l'augmentation des moyens monétaires : d'une part, les décalages notables et d'ailleurs divers, successifs, qui sont justement la condition selon laquelle les incitations, actions et leurs résultats peuvent se produire ; d'autre part, le rôle conjoint et éventuellement subsidiaire que nous avons reconnu, en similitude fondamentale d'antécédences et de séquences, aux accroissements des moyens monétaires autres que ceux de métal précieux. Or, déjà la quantité et la variation des moyens indirects fondés sur le métal précieux sont des faits qui ne sont pas fonction constante de celles de ce métal ; mais plus encore celles des moyens monétaires non convertibles (temporairement ou plus ou moins durablement). Et des expériences récentes et diverses montrent la grandeur possible, diverse entre les cas, souvent considérable, que peuvent revêtir ces deux sortes de différenciations d'avec le mouvement de l'or.

4. *Le mal présent était évitable, et serait remédiable, par certains aménagements monétaires.* - Ces dernières remarques nous amènent à des thèses beaucoup plus larges, mais d'autant plus importantes à examiner ici : ce sont-les thèses diverses portant que le mal présent était évitable, sans doute, si les idées sur la monnaie et les moyens monétaires, et plus généralement sur les conditions et caractères de l'évolution économique, spécialement en cette période, avaient été autres chez les « compétences » ou qualifiées telles, dans les milieux des grandes affaires, dans les centres financiers de grands pays, dans la City, à Wall Street ; - et, par influence, si elles avaient été autres dans les milieux politiques, dans les cercles d'activités économiques plus modestes, dans l'opinion publique, etc. ; - si, par suite, les actions ou les abstentions, ou plus encore les croyances, les attitudes de l'esprit ou de la sensibilité, attentes, espoirs, craintes, etc. (qui ont peut-être plus d'importance dans le fonctionnement économique que les éléments physiques et matériels, même monétaires), avaient été autres. - Et de là ces thèses en viennent tout uniment à considérer que le mal présent serait remédiable si l'on faisait que ces idées en ces divers milieux, ces croyances, ces sentiments, fussent autres.

- Peut-être bien, en effet, la crise aurait-elle été retardée, atténuée, limitée, pour tous ou pour plus d'intéressés, - comme elle l'a été pour certains par suite de circonstances qui y ont contrebalancé ces courants pendant un temps - :

si on avait mis, en tels ou tels cas importants, moins de précipitation à réaliser un retour de monnaies inconvertibles à une base d'or effective ;

et chez certains, moins d'orgueil, à visées où à prévisions bien courtes (l'expérience l'a prouvé), à reprendre un taux de stabilisation

Deuxième partie

qui compromettait ou détruisait les effets favorables atteints, et étouffait dans le germe ceux encore possibles, par l'augmentation des moyens monétaires ;

si on avait du dehors, et bientôt aussi du dedans, par crainte contagieuse, et en certains cas même par panique, jeté moins de discrédit sur les monnaies inconvertibles (au moins pour un temps à ne pas abréger de toute urgence), pourvu qu'elles fussent assez sagement aménagées, assez modérées et surtout assez prévisibles dans leurs variations de quantités (et soutenir le plus possible la confiance en elles était une condition pour y aider) ;

si on avait aussi moins appuyé sur le discrédit de l'argent, surtout pour l'usage intérieur en de vastes cercles d'échange, dont l'aménagement des relations avec l'extérieur était néanmoins possible ;

si, dans certains centres, de doctrine et d'intérêt conformes, - et de là de proche en proche par la propension de tant d'esprits pensant être originaux à adopter d'emblée les « secrets » qui séparent le clerc de l'homme de la rue, - on avait moins cru à une forme trop simpliste, et en cela pleinement contraire aux faits, de la théorie quantitative de la monnaie ;

si on avait donné plus de faveur, alors qu'il en était temps et existait possibilité encore, à un effort international pour une monnaie générale, ou quelque représentation commune, qui dégageât une quotité notable de l'or mondial, dès lors comptant en accroissement de moyens monétaires globaux, au lieu de s'appliquer très soigneusement à interdire toute velléité en ce sens à l'organe international qui aurait pu y songer et s'y employer.

Mais, soit par conviction de doctrine extra-temporelle, soit par obstination empirique fermée à toute expérience nouvelle, soit par intérêts spéciaux, avoués ou inavoués (les pires), c'est le contraire qui, à tous ces égards, a été la réalité majeure de ce temps, et à peu près en tous pays. Dès lors, ce qui a été fait est fait, ce qui ne l'a pas été ne l'est pas, - durablement et sans doute irrémédiablement pour l'instant, autant que les états d'esprit du public mondial, les facteurs et les moteurs de confiance universelle, amenés ou tout au moins accentués, renforcés dans les dispositions qui ne pouvaient que hâter, étendre et rendre plus brusque le tournant, n'auront pas

François Simiand

été modifiés, amendés, résorbés.

Mais, cela dit, on doit aussitôt apporter quelque apaisement relatif à qui éprouverait ces regrets tardifs, en observant que, si nos analyses sont fondées et nos résultats de valeur généralisable, ce tournant, un peu plus tôt ou un peu plus tard, moins brutalement peut-être, mais aussi réellement et gravement sans doute, devait se produire :

pour les moyens monétaires de métal précieux ou à base de métal précieux, en raison des changements à prévoir, d'après le passé, d'après la science, dans leur quotité de production physique, économique, possible ;

pour les autres moyens, par l'effet ou seulement par le risque et donc l'appréhension d'une exagération directe ou indirecte, brute ou dissimulée, mais effective, qui apparaît peu évitable en fonction même de la confiance d'abord maintenue en eux, et aboutissant alors à une perte de confiance, avec les conséquences reconnues.

Et une fois ce tournant passé, nous devons, par notre expérience répétée et par les raisons qui y apparaissent, comprendre que des remèdes permettant de le rendre nul et non avenu sont bien vainement cherchés dans des poussées inverses qui auraient pu le différer ou l'atténuer, mais non pas le supprimer. Une épreuve en ce sens, - plus de pis aller, du reste, que d'intention délibérée et surtout que de propos scientifique, - a été déjà réalisée, probante, par les applications du système dit du « gold exchange standard » et leurs vicissitudes et échecs bientôt survenus (même si quelque imprudence et pratique insuffisamment avertie peut ici encore être responsable de cette rapidité dans la sanction, mais non pas de la sanction elle-même) : il consistait au fond, en effet, en un « donner et retenir ne vaut », qui ne pouvait faire longtemps illusion même à des indifférents ou mal informés, et justement de moins en moins en cet état et en cette évolution des opinions monétaires. Et de même en serait-il sans doute de tentatives pour prendre le contre-pied des diverses orientations qui nous ont paru hâter le processus. Le courant est largement ouvert, accéléré, entraînant tout, tient tout le lit du fleuve; ce n'est plus le temps de s'efforcer à en isoler quelques filets d'eau pour y donner autre allure ou plus encore autre direction.

Deuxième partie

5. En réaction, dénonciation et élimination préconisée de la « superstition de l'or »... - Aussi comprendrons-nous que des esprits insatisfaits par ces pis aller si partiels et si vains, frappés des apparences à la fois pathologiques et irrémédiables du mouvement actuel, et remontant non sans pertinence à ce qui a paru le commander, s'en prennent sans hésiter au fondement même de cette action ; et dénoncent et préconisent d'éliminer :

cette « superstition de l'or », cette « erreur millénaire », qui a fait attribuer cette valeur et cette fonction centrales aux métaux précieux dans le développement de la vie économique ;

- et même, avec une intrépidité logique que ne sauraient arrêter des objections de sens commun et qui les tournerait plutôt en confirmation pour elle et en raillerie pour la bêtise humaine,

cet élément factice, déraisonnable, perturbateur le rôle de la monnaie dans l'économie d'échange.

Ainsi voyons-nous, en ce temps, s'affirmer, se multiplier des faiseurs de plans rénovateurs, des bâtisseurs d'économie régénérée qui montent un système économique fonctionnant :

avec une monnaie sans métal précieux, même en couverture partielle, qui n'est qu'illusion ;

avec une monnaie sans substrat matériel, d'une « chose » distincte de celles dont elle sert à étalonner et faciliter les échanges ;

ou même sans plus aucune monnaie, soit par retour aux transferts seulement de biens contre biens, des seuls biens dits « véritables », soit même encore par suppression des transferts en une communauté parfaite des productions et des utilisations.

Remarquons ici que justement après les tournants analogues, dans le deuxième quart du 19e siècle, dans le premier du 18e siècle, notamment, les précédentes phases B ont déjà vu surgir semblablement des bâtisseurs de semblables systèmes. Est-ce pure coïncidence et répétition de hasard, ou logique interne des faits, et des idées, conceptions ou rêves qu'ils sont propres à susciter ?

Et déjà, du fait que quelques-uns de ces systèmes sont allés, par la faveur de gouvernements aux abois ou par la ferveur de disciples séduits et confiants, jusqu'à des réalisations tentées, bientôt couronnées de déceptions ou d'échecs, si elles ne se sont pas ramenées aux systèmes déjà connus, nous pourrions tirer argument de doute, tout au moins, sur les chances de vie ou de survie de ces nouveautés qui ne sont pas nouvelles.

Mais la force logique ou sentimentale de plusieurs de ces constructions, la générosité et valeur d'esprit de plusieurs de leurs auteurs, méritent examen et arguments directs et propres.

Ces arguments en somme, s'exprimeraient résumés, en ce mot bien connu : « Il y a quelqu'un qui a plus d'esprit que Monsieur de Voltaire : c'est Monsieur tout le monde. »

Et en effet, c'est faute, en une telle matière, - qui est matière d'opinion commune, - de donner à ce qu'est sur elle en fait l'opinion commune, la valeur qui y est due; c'est faute, encore bien plus gravement, d'apercevoir que, de fait, cette opinion commune, ici, *a raison*.... que ces systèmes cumulent méconnaissances ou erreurs dont constructions et imaginations individuelles ne réussissent pas à balancer ou seulement à atténuer la valeur :

a) Méconnaissance de *l'essence même de la monnaie* même de métal précieux, elle n'est pas une marchandise, ou bien est une marchandise unique de son espèce en face de toutes les autres, autant vaut donc l'appeler autrement ; elle est, en fait, depuis l'origine et dans le développement de nos civilisations, - et contrairement à des illusions qui ne sont pas propres à ces bâtisseurs - et *n'a pas cessé d'être* quelque objet ou signe revêtu d'une croyance qui, pour le cas des monnaies les plus stables, est millénaire, universelle : croyance souvent, du reste, d'abord et encore aujourd'hui, à fondements extra-économiques, religieux, magiques ; croyance, dirons-nous, en un pouvoir de valeur par rapport à tous biens, à tous hommes, en tous lieux, en tous temps : et c'est là ce qui en fonde la fonction possible ;

b) Méconnaissance du *rôle fondamental de la monnaie,* telle qu'ainsi constituée, dans le développement d'une économie progressive : ce n'est pas seulement ni surtout celui d'étalon des valeurs, de moyen des échanges ; c'est beaucoup plus, et à mesure et d'autant plus que l'économie progresse en complexité et en allongement de ses processus, celui d'être le moyen d'anticiper

Deuxième partie

sur les valeurs futures, de réaliser d'avance et dès maintenant des valeurs encore non couvertes, mais prévues à couvrir, par les biens qui seront produits : éliminer ce moyen, c'est vouloir continuer à user du levier de progrès, en supprimant d'abord son point d'appui ;

c) Erreur dans l'analyse économique des *conditions d'établissement d'un système de prix ou valeurs économiques* pour les divers biens d'un ensemble d'échanges : on peut démontrer, - et cela ressort même, sans qu'il l'ait aperçu ou dégagé, du système d'équations où tel économiste mathématicien a formulé les conditions de détermination d'un système de prix, - qu'un système de prix pour toutes les diverses marchandises échangées d'un ensemble n'est déterminé que s'il y existe un terme indépendant de toutes ces valeurs des diverses marchandises : ce terme est le terme monétaire ;

d) Erreur de ne pas apercevoir : la *réalité de le psychologie* qui est au fond, au cœur de tout ce fonctionnement ; le caractère social de cette psychologie ; l'ancienneté, la profondeur de cette réalité psychologique sociale ; - erreur d'imaginer qu'étant ainsi réalité, et une réalité telle, cette psychologie soit modifiable selon une construction conceptuelle, par la volonté ou la persuasion d'un économiste prêchant de son cabinet au rebours de toute cette longue évolution ; qu'elle soit modifiable même par les décrets de l'autorité publique, même la plus dictatoriale ; - erreur de ne pas reconnaître que cette psychologie *a raison,* pour autant qu'elle est indispensable et mieux même initiatrice, en ce qui est considéré comme le développement économique de notre civilisation, menant au progrès économique qui, au jugement de tous, y a été et peut y être réalisé.

F. Quelles seront donc nos conclusions positives ?

Mais, si l'application de nos résultats de la première partie nous a conduits ainsi avec fondement à nous libérer de positions défectueuses de la question, à ne pas nous attacher d'abord aux faits circonstanciels, à nous dégager des explications et des remèdes du cabinet, et tout autant à nous garder d'interprétations trop hâtives de l'antécédence monétaire, ne pouvons-nous pas, ne devons-nous pas tirer de nos expériences antérieures autre chose encore que ces applications négatives, - si utiles qu'elles puissent être à nous débarrasser d'illusions, de fantômes, ou d'erreurs, - c'est-à-dire en tirer des conclusions positives, et lesquelles ?

Tout simplement, elles tiennent en une proposition majeure dont il ne nous restera qu'à dégager et préciser un peu les principales implications : manifestement, en effet,

s'il est exact que l'économie mondiale soit aujourd'hui entrée en phase B de fluctuation à longue période, nous devons essentiellement (sauf de possibles différences dans le degré, dans l'ordre de grandeur, dans l'ampleur mondiale, dans la profondeur de chute, - correspondant à l'amplitude d'exaltation de la phase A qui précède -; sauf modifications ou adaptations partielles en rapport avec des circonstances nouvelles ; et avec des différenciations entre les pays ou parties du monde selon telles conditions qui peuvent leur être spéciales) *nous attendre au déroulement probable d'évolution qui est le déroulement caractéristique des Phases B antérieures.*

a) Et d'abord nous pouvons nous y attendre à une *rude sélection*
entre les entreprises,
entre les catégories de production,
entre les industries et les branches de production,
entre les pays.

Cette rude sélection, en ces divers cadres, s'est déjà fortement manifestée en cas déjà nombreux. Cependant, à nous référer aux symptômes manifestés dans les phases B antérieures, il ne nous apparaît pas encore qu'elle soit terminée.

Il faut donc nous attendre, à proportion, et pendant toute la durée de cette sélection :

- à une diminution ou résorption pour une partie des productions et fabrications,

- à un chômage pour une partie correspondante de travail ouvrier.

Il faut nous attendre à des grèves, conflits, troubles sociaux, de nature et d'ampleur pouvant différer selon les cas, mais

Deuxième partie

concomitants ou conséquents réguliers des traits que nous venons de dire.

b) En raison de l'inégalité des atteintes aux diverses entreprises, aux diverses branches ou industries, aux divers pays, et, même si cette inégalité n'est pas manifeste, pour tenter de s'en ménager la chance meilleure (ou moins mauvaise), il faut bien s'attendre à *un « sauve-qui-peut » économique*.

De même que, lorsqu'un incendie s'est déclaré, on fait ou on tente de faire la part du feu, pour sauver le reste; que devant une inondation on abandonne ce qui est déjà recouvert, déjà entraîné ou le plus menacé de l'être, pour protéger ce qui tient encore; qu'en une escadre en difficulté, on pratique « marche libre », à qui saura ou pourra le mieux s'en tirer,

de même, devant ces atteintes de la « rude sélection » réalisée ou menaçante, la tendance majeure des entreprises, des industries, des pays est, d'abord, de se désolidariser le plus possible, de dégager ce qu'on peut du risque commun, de se tirer d'affaire séparément, chacun selon ses possibilités et ses chances.

Entre les pays, ce « sauve-qui-peut » se traduit par ce redoublement de protectionnisme, auquel nous assistons présentement ; par cette abjuration extensive de libre échange, - à la surprise de tant de croyants, tant réfléchis que naïfs, - jusqu'en ce pays où c'était désaveu d'une pratique et d'une foi presque séculaires ; par cette généralisation universelle de mesures de défense, d'isolement tenté, contre les marchandises, les hommes, les monnaies, les finances des autres pays en général, et différentiellement de tels ou tels autres pays. De ces mouvements, de ces tendances, beaucoup se sont étonnés, indignés, q E. auraient pu au moins les reconnaître pour non inattendus d'après les phases B antérieures, où s'est manifestée régulièrement et d'abord une poussée majeure en « défense de chacun pour soi » exactement en ce sens.

A vrai dire, elle s'y est montrée inopérante, pour une part, et inexactement appliquée au but visé, pour une autre part : du fait que, tous à la fois prenant semblables mesures, elles perdent pour autant de leur valeur différentielle ; et du fait surtout qu'une solidarité tout de même subsiste, bon gré mal gré, et se manifeste. L'étanchéité des barrages ne réussit pas à être telle que la moindre fissure ne parvienne à faire jouer le principe des vases communiquants; et notamment la fluidité de cet élément à la fois cardinal en chaque économie et commun à toutes qu'est le capital, et les interdépendances inévitables qui subsistent entre les marchés financiers, pour ne pas dire entre les marchés de grandes matières, et leurs parts spéculatives, apportent à ces efforts d'isolement une limitation, une contre-partie inéluctable.

Comment cependant ne pas comprendre qu'on y recoure d'abord, quand on voit l'inondation avancer sur son champ et sur sa maison ? Et voyons que, même si finalement l'eau doit bien arriver de façon ou d'autre à pénétrer et prendre son niveau, et disons plus, même si, comme nous l'avons vu et le verrons, elle peut y être utile et fécondante, il n'est pourtant ni inexplicable ni déraisonnable d'y avoir d'abord opposé un barrage : car ce peut avoir évité, amorti la brusque ruée des eaux, qui aurait du coup déchaussé les arbres, ébranlé les maisons; et cet arrêt, même temporaire et relatif, est néanmoins justement la condition favorable à une égalisation ultérieure, sans ruines antérieures, et à une fertilisation possible par les dépôts, que fera une eau calmée beaucoup plus que le torrent premier.

C'est dire toutefois, et d'autant plus, que nous devons, dans le déroulement de notre Phase B et pour la sauvegarde vraie et durable de ce qu'il visait à protéger, apercevoir des limites à ce « sauve-qui-peut économique ».

c) De fait, avons-nous constaté, en nos phases B antérieures, et du moins sur l'ensemble de la phase, - et une fois passé le premier temps, surtout marqué par l'élimination sévère des moins aptes, - il ressort de notre expérience répétée, de son analyse et de son interprétation dûment établies, que :

le remède, non immédiat sans doute, mais à échéance bien effectif, contre l'abaissement des prix manifesté avec et dans la dépression, ç'a été l'abaissement des coûts de revient, et obtenu de façon majeure et caractéristique par des aménagements de la production (organisation, mécanisation, utilisation des forces

Deuxième partie

gratuites) aboutissant à une augmentation et de la production et de la productivité.

Mais de tels aménagements, avons-nous vu, n'aboutissent, économiquement, à celle de la productivité que moyennant celle de la production ; en même temps que l'effort nécessaire à les réaliser, du côté de la direction, du côté de l'exécution, n'est obtenu des divers participants, patronaux, ouvriers et autres, que si les coûts unitaires abaissés peuvent être multipliés par des quantités vendues plus fortes et donner ainsi un montant total de revenus de la production le plus proche possible du montant antérieur. C'est dire, par ces deux raisons qui se complètent, se renforcent et s'expliquent l'une l'autre, que ces aménagements, aboutissant à un coût de revient diminué, ne donnent l'avantage qui en a suscité et soutenu l'atteinte que si ces quantités, qui ne sont produites économiquement, moyennant eux, qu'à la condition d'être grandes, trouvent un écoulement de vente effective égal à leur grandeur.

C'est dire donc que le remède dont les phases B antérieures nous ont présenté, sur leur ensemble, les réalisations efficaces, et d'où elles ont tiré l'achèvement décisif du processus de progrès économique, a pour condition à cette réalisation et à cette efficacité un agrandissement des débouchés, une extension du marché pour ces produits.

Et voilà qui nous permet de nous attendre, dans le déroulement de notre nouvelle phase B, à un nouvel effort des producteurs pour étendre leurs ventes en quantité :

en développant leur clientèle intérieure, extérieure (et de là, par pression réciproque et intérêt balancés, quelques tempéraments forcés sont à prévoir au protectionnisme simpliste et outrancier du début, du moins entre pays à la fois vendeurs de nécessité et acheteurs de possibilité) ;

en cherchant de nouvelles atteintes, en pays, en continents demi-développés, en les aidant au besoin dans ce développement pour qu'ils deviennent acheteurs ;

en poussant en ce même sens à l'extension et à la mise en valeur des colonies.

Mais, pour ces objets mêmes et notamment dans les deux dernières directions, il faut développer aussi les moyens pour que cette atteinte soit utile ; moyens de communication et de transport économiques jusqu'en ces pays et réciproquement de ces pays aux premiers; moyens de transport et de mise en valeur des produits à l'intérieur même de ces autres pays on régions à développer, etc.

De là, soit déjà pour l'équipement de production demandé par les aménagements de haut rendement qui sont la clé de ce processus, soit ensuite et de plus en plus largement pour cet équipement des moyens de transports, de communications, de mises en valeur nouvelles, nous pouvons nous attendre à une *poussée de production d'abord reprise et accrue dans les industries de moyens de production et de moyens de transport*. De fait on peut constater que, dans la dernière phase B, pour la France par exemple, les indices des revenus mobiliers et des cours d'actions industrielles continuant l'abaissement interdécennal soit dans l'ensemble soit pour certaines branches jusque vers 1895-97, celui des cours d'actions des industries métallurgiques se relève en hausse notable et soutenue à partir déjà de 1887-89.

Pour ces équipements, pour ces industries lourdes, exigeant de fortes immobilisations et un fonds de roulement considérable, un large et croissant *financement* apparaît indispensable. Mais justement résultent et restent, de la phase A précédente, d'abondantes disponibilités de capital, sous forme monétaire ou autre, qui après, leur retrait d'emploi pendant la crise et le début de la phase, ne demandent tôt ou tard qu'à s'employer de nouveau, - et cela (justement aussi grâce à la baisse qui s'est étendue aux prix de la prestation de capital, intérêts, escomptes, etc.) à relativement bon marché. Et de fait nous avons constaté, sur l'ensemble de la dernière phase B en France, pays fort représentatif à cet égard notamment, une augmentation accélérée (sur le mouvement antérieur et ultérieur) du portefeuille des valeurs mobilières et davantage de placements manifestement nouveaux. Et de fait encore nous y voyons également l'indice des cours des actions de *banque*, c'est-à-dire de la branche d'activité économique qui correspond à cette fonction financière reprise et accélérée, marquer un abaissement moindre et aussi prendre la remontée globale avant l'ensemble.

Puis encore, s'il est vrai, comme nous l'avons, croyons-nous, constaté ailleurs, que l'esprit d'invention, que les facteurs de découverte scientifique, même avec mise au point demandée

Deuxième partie

pour l'utilisation pratique dans la production courante, ne se développent point en phases alternées, de plus grand ou de moindre rendement, il est donc à attendre qu'ils apporteront, dans cette nouvelle phase, de nouvelles possibilités d'autres et plus grandes forces naturelles, d'autres fabrications, d'autres industries, d'autres produits. - Par exemple, n'apercevons-nous pas déjà, dans des essais qui sont le juste objet de l'attention mondiale, telles énormes possibilités de forces non encore utilisées (marées, chaleur des eaux tropicales, etc.) et sans doute prochainement utilisables, dont l'homme pourrait bien être en mesure, en cette phase B, de mettre à profit l'avantage, qui en lui-même, nous le savons (ire partie D, 2 b), est gratuit ? - Et de nouveau ici les possibilités de financement relativement économique et la poussée des activités bancaires ne peuvent qu'aider à ces mises en train.

D'autre part, l'extension des besoins amenée en phases A par l'augmentation générale des ressources, - élévation de nature ou de satisfaction de nombreux besoins antérieurs, constitution, et entrée en habitude, d'autres besoins, - continue ou recommence d'exercer son action en phase B, dès que le permet un décalage relatif des conditions, par exemple un abaissement de prix ou une augmentation des produits, jouant avec un maintien ou retour relatif de revenus moins resserrés.

D'où par degrés, ou en échelons relatifs, ou en différenciations diverses selon les productions et les stades, mais toutes et tous pouvant espérer leur heure de décompression ou même d'extension relative, nous apercevons comment cette augmentation globale (et accélérée par rapport aux phases A) que nous avons constatée dans nos phases B antérieures peut réintervenir en son temps et en ces conditions dans le déroulement dé notre nouvelle phase B.

d) Même pour l'agriculture, et en dépit de ses conditions physiques et économiques spéciales, une participation à ce processus n'est pas hors de possibilité ni hors d'attente, et toujours si nous regardons notamment aux phases B antérieures. D'une part, une action en ce sens peut-être attendue, d'abord, des aires de production neuves, spécialisées, ou meilleures ou améliorées, par l'effet même de la rude sélection qui s'est exercée dans cette branche aussi, à sa manière; et dans ces cadres un abaissement relatif des prix y apparaît condition et résultat tout à la fois de ces opérations, ainsi qu'une augmentation des rendements à coûts relativement comprimés. Un développement économique des moyens de transport *et* des moyens de mise *en* oeuvre, facilité par les mêmes conditions financières (moyennant les adaptations nécessaires), y vient concourir, en grandeur et en efficacité croissantes.

Mais ce n'est pas tout. Même dans les groupes nationaux, « vieux pays » ou nationalités nouvelles, défendant leur agriculture par un protectionnisme que beaucoup jugent volontiers anti-économique du point de vue général ou mondial ou spécial des consommateurs (et qu'on peut bien dire en tout cas se rattacher, pour une grande part, à des raisons extra-économiques et, du reste, assurément d'importance), un effort imposé en ce sens, et de plus en plus, est également d'attente possible. Un spécialiste de l'économie agraire, Daniel Zolla, vers la fin de la dernière phase B, soutenait volontiers qu'en France le droit protecteur, pour telle production agricole caractéristique, ne jouait plus ou que de très peu quant à la différence de prix entre l'extérieur et l'intérieur (ne jouait plus que pour l'origine française des produits; ou d'une majeure part des produits, sur le marché français). D'ensemble nous avons reconnu, sur le total de cette phase, une notable augmentation des rendements, avec restriction, semble-t-il, des terres utilisées, en même temps qu'une augmentation accélérée des quantités : donc les mêmes caractères de déroulement, au degré près, que dans l'industrie.

e) Et de l'une et de l'autre de ces branches de développement, industrielle, agricole, l'emploi de la main-d'œuvre mise en chômage ou en restriction au début de la phase B apparaît aussi, sur l'ensemble de la phase, pouvoir s'accommoder en des conditions appropriées, si nous nous reportons ici encore l'exemple de nos phases B antérieures.

Pour les productions textiles, par exemple, ou pour les productions métallurgiques, dans le cadre de la France, il est très apparent qu'entre le début et la fin de la dernière de ces phases, les quantités produites se montrent beaucoup plus augmentées que le nombre

Deuxième partie

des unités ouvrières (compte tenu, en gros, des changements dans le nombre de jours et d'heures de travail) : c'est-à-dire que la somme physique de travail ouvrier par unité de produit, en quantité, a diminué. Observations semblables se retrouveraient en nombre d'autres industries et même de certaine façon, en agriculture, et en d'autres pays conducteurs du progrès économique.

Cependant, à travers des frictions répétées, aiguës, parfois violentes, à travers des difficultés d'adaptation, de transfert, à d'autres ou de nouvelles utilisations, à travers des mouvements accentués aussi de migrations entre pays, et sans doute aussi intérieures, il ne ressort pas, au bout de la phase, un solde résiduel d'une importance qui, à beaucoup près, corresponde à celle de la diminution dans le coefficient quantitatif de main-d'œuvre en une seule et même production. Il faut donc bien penser que le non-emploi et le sous-emploi du début de la phase ont abouti, tant bien que mal, et sinon tout de suite, tout de même au bout du compte, à des déplacements, remplacements, emplois nouveaux ou en nouvelle proportion qui arrivent à quelque compensation effective en quantités.

Que le chômage mondial totalisé par les statistiques dans la crise présente dépasse l'ordre de grandeur absolu (pour l'ordre de grandeur relatif, ce pourrait faire question) de celui qui, en tant de pays, *n'a pas* été dénombré ni seulement évalué dans les tournants homologues antérieurs, cela peut être tenu pour assez probable, et, à bon droit, être jugé de nature à augmenter les difficultés et les inquiétudes. Mais c'est bien loin aussi d'être, avec les tournants antérieurs, faible différence à mettre en balance que la force associée et la volonté consciente des ouvriers en celui-ci dans les grands pays démocratiques, - des épreuves partielles ou à degré moindre nous l'apprennent aussi en ce passé -; ni faible différence non plus, -à proportion peut-être il est vrai de la première, - que la sollicitude, les scrupules, le désir d'action favorable des pouvoirs publics, de l'opinion, et aussi d'un patronat éclairé. Et ces différences sont assez grandes pour donner perspective d'un aboutissement possible aux aménagements indispensables et salutaires avec moins de heurts, de souffrances, de violences, d'un côté ou de l'autre, qu'en ces rudes exemples du passé. De façon ou d'autre cependant, ici encore, l'accommodation nécessaire est tout de même à attendre sur le type des précédentes quant aux résultats. *Mais* sous délai.

De fait, pour l'ensemble de ces perspectives tirées du passé nous ne pouvons mieux terminer ce sommaire d'indications d'une attente expérimentalement appuyée, qu'en notant, pour toutes, que d'après ces précédents, le déroulement, dont nous pouvons avoir assurance que par cumulation de phase A et de phase B il conduit au progrès final, *peut être long...*

G. Caractères de ces conclusions

Il nous reste toutefois à bien reconnaître et préciser le caractère des conclusions ainsi esquissées, en attendant meilleure information et meilleure interprétation, et si vraiment l'analyse économique expérimentale de l'évolution moderne et contemporaine conduit bien aux résultats majeurs que nous avons cru apercevoir et à l'application que nous avons cru pouvoir en tirer pour l'intelligence de la crise présente et quelque vue sur son déroulement probable.

a) Nous n'avons pas trouvé de panacée pour remédier à la situation présente, et cela pour cette raison qu'il n'en existe pas.

Nous ne pouvons rien, ou nous ne pouvons que bien peu, pour une action sur la conjoncture d'aujourd'hui jugée défavorable, pas plus que nous n'avons fait, ou si peu, pour la conjoncture d'hier jugée plus favorable.

Pour le fonctionnement d'un système économique du type le plus avancé, et d'autant plus qu'il est plus avancé, plus ou moins tôt ou plus ou moins tard et sauf degrés et différenciations, mais en traits majeurs et à coup sûr, cela devait arriver. - Cela est arrivé. Et cela est rationnel.

Nous n'avons pas à déclarer pathologique la phase A plus que la phase B, celle-ci plus que la première, ni davantage le passage de la première à la seconde: chaque part de ce processus est aussi régulière, normale que l'autre.

Nous n'avons, nous n'avons pas à attendre, à prévoir la

Deuxième partie

perpétuation soit de la phase A, soit non plus de la phase B, pour les résultats qui nous concernent et nous intéressent spécialement.

Et enfin, s'il n'a pas été trouvé de panacée, c'est que ce passage normal d'une phase A à une phase dont l'alternance est normale et dont la somme constitue la réalisation pleine du progrès économique, n'est pas lui-même un mal du point de vue de l'évolution sociale générale.

b) A supposer cependant qu'il dépende de nous de choisir entre ce déroulement et quelque autre processus, il faut bien voir entre quoi et quoi porterait notre choix.

Si l'économie progressive générale est seulement réalisée par l'ensemble et la sommation d'une Phase A et d'une Phase B,

si c'est par cette succession et cette somme des deux phases que nous aboutissons, au terme et au total des résultats des deux, à ce résultat global : « Plus de produits, et d'ensemble à moindres prix, absolus et relatifs, Total de revenus plus grand, et avec prime spécialement aux revenus actifs sur les revenus passifs et aux activités productrices, »

si c'est bien là notre définition du progrès économique,

nous pouvons assurément préférer, pour éviter les peines de l'une ou de l'autre part du processus, une stagnation, une économie stationnaire,

nous pouvons même préférer, soit temporairement soit durablement, en vue d'autres fins supérieures données à l'homme ou à la société, une économie régressive,

(et l'une et l'autre de ces orientations ne sont pas sans exemples, - à vrai dire non pleinement volontaires, - dans le passé de l'humanité et peut-être dans telle grande part du monde actuel); mais, si nous désirons ce progrès économique tel que défini, et si cela dépend de nous, ou pour autant que cela pourrait dépendre de nous, nous ne devons pas désirer ni essayer de nous mettre en travers de ce processus.

Notons bien toutefois à cette place, et une fois pour toutes, que, dans toute cette étude et dans ces conclusions, nous avons réservé et réservons pleinement l'ordre de questions qui est : la Répartition de ces biens ainsi produits entre les divers participants à la production, dirigeants, travailleurs d'exécution, bailleurs de capital, de terres, etc., entre les fonctions, les catégories, les classes, les individus (non plus du reste, qu'entre les branches, ou stades de la production, entre fabrication et commerce, entre grosses productions et spécialités de transformations, etc., voire entre pays ou régions).

Nous n'avons nullement envisagé dans l'évolution passée, et n'envisageons pas davantage en cette anticipation sur le proche futur :

« comment le gâteau est partagé, a été, sera, ou pourra ou pourrait être partagé. »

Nous avons considéré et considérons uniquement :

« comment le gâteau est obtenu plus grand, l'a été et sans doute le sera encore. »

(La seule remarque qui peut être suggérée par l'étude objective de l'évolution passée est d'amener à considérer si tel processus s'est montré agrandir tellement le gâteau que, même en inégalité des portions, les portions moindres sont encore plus grandes que les portions égales du gâteau non accru ou, plus encore, diminué. S'il en est ainsi, certains esprits pourraient incliner à penser qu'une solution obtenue large à la seconde question pourrait bien dispenser ou rendre moins intéressant de poser la première. Mais, encore une fois, l'examen des faits et des possibilités, en ce plan, est ici entièrement réservé.)

c) Cependant ce serait se méprendre tout à fait sur ces résultats et conclusions ainsi esquissés que d'y soupçonner un retour (à vrai dire assez détourné et inattendu) à l'optimisme des harmonies économiques tant reproché à certaines présentations de l'économie classique (et à vrai dire aussi très différentes de fonds et d'arguments). En ces résultats et conclusions, *ce n'est nullement ici un optimisme béat* qu'il faut apercevoir.

S'il y apparaît que le processus tel que décrit, ni aucune de ses parts essentielles, n'est pas un mal pour l'ensemble du développement social tel que défini, il n'est par là nullement nié que ce processus,

Deuxième partie

et les différentes parts de ce processus respectivement, comportent et entraînent des maux pour des individus, pour telle ou telle catégorie, pour tel ou tel groupe; nullement nié que ces maux puissent ou bien plus ou bien moins être le fait ou la conséquence d'actes ou abstentions, comportant quelque liberté, ou choix ou risque accepté, de la part de ces individus ou catégories ou groupes; nullement nié qu'en ce sens ces maux soient, selon ces cas, ou bien plus ou bien moins mérités.

Nous avons, en effet, dans nos analyses, bien aperçu, bien noté, que les résultats reconnus, et en phase A comme en phase B, ne se réalisaient pas tout seuls, automatiquement, sans actions ou réactions de la part des hommes ou catégories d'hommes intéressés; - que, dans l'une comme dans l'autre phase, ces résultats comportaient, impliquaient, des difficultés, des frottements, disons même des souffrances, et essentiellement des efforts en tout cas pour les uns, pour les autres ; - au vrai ce ne sont pas les mêmes souffrances ou les mêmes efforts, ni pour les mêmes hommes ou catégories d'hommes, en phase A, et en phase B : mais cette alternance et différenciation n'est pas distributrice et ne constitue, au demeurant, ni consolation pour chacun, ni atténuation pleinement compensatrice pour l'ensemble; et ce n'est pas d'elle que vient le progrès total.

Et aussi il faut bien noter encore, et même davantage, que l'effort pour se garder de ces maux au mieux possible est, pour les uns et pour les autres, en phase A comme en phase B et dans le passage de l'une à l'autre, un effort pleinement légitime et qui n'est nullement sans raison ni sans résultat possible.

En ce sens, nos résultats et conclusions ne nous conduisent et ne nous fondent nullement à traiter simplement avec quelque ironie ces tendances, affirmations, tentatives, ou commencements d'action vers un monde meilleur, ainsi qu'on les voit se former et se développer surtout en phase B, ou au tournant de phase A et phase B :

proclamations de la suprématie morale du « social sur l'économique », revendications d'une meilleure justice sociale; volontés déclarées de telles catégories ou classes, de tels pays ou parties de pays, qui entendent n'être pas les seules victimes ou les plus victimes.

Il serait seulement prudent (et même pour l'atteinte effective des buts visés il serait utile), - bien qu'il Soit à l'ordinaire assez peu pratiqué en ces élans, - de s'y rappeler combien il est sage de n'en pas attendre :

que, moyennant cette supériorité du social sur l'économique, une tonne de blé fasse plus que 1.000 kilogrammes ;

que les producteurs puissent (durablement) et veuillent céder leurs produits à qui ne peut les payer au moins à un prix au-dessous duquel ils abandonneraient plutôt cette production ;

que les plus méritants des hommes, les plus irresponsables de la crise (et si nos analyses sont exactes, qui ne l'est pas à quelque degré ?), puissent (durablement) avoir disposition de produits nécessaires à leur consommation autrement que moyennant une contre-partie de prestations économiques de valeur correspondante ;

que l'entretien de certaines catégories d'hommes par l'ensemble, c'est-à-dire par une, certaines ou le restant des autres catégories, puisse être (sauf bien entendu pour les revenus « dérivés», fonctions publiques, certaines carrières libérales, pensions, etc.) une solution économique durable ni surtout progressive.

Mais cela réservé, reconnaissons pleinement donc la légitimité, l'utilité même peut-être, de ces aspirations, de ces volontés en leurs manifestations très compréhensibles.

d) Disons même plus. Ces résistances à la compression en phase de baisse qui sont manifestées par les revenus menacés, - avec des formes diverses, mais par tous, - ces efforts pour les maintenir le plus près possible des montants atteints à la hausse, même ces « entêtements » à en conserver la même expression monétaire sans tenir autrement compte des pouvoirs d'achat modifiés, ne sont rien de moins que des facteurs indispensablement impliqués dans le processus analysé en phases B. Pas plus qu'un optimisme béat, ce n'est pas ici un *fatalisme mahométan ou* fatalisme passif qu'il faut apercevoir dans nos résultats et leurs applications, dans leurs régularités de répétition d'où nous tirons une induction, - prudente et nuancée, du reste, - sur le déroulement prochain probable.

Deuxième partie

Des expériences différentes, que nous n'avons pu rapporter ici, montrent que les pays, les classes, qui ont subi ou regardé ce processus passivement sont entrés en régression économique, puis sociale et humaine.

Au contraire, dégageons bien que dans notre expérience, et donc à prévoir semblablement en son application à notre prochain avenir :

1° les résultats des phases A comme des phases B ne sont obtenus que par des activités économiques dûment appropriées, - et surtout à l'avantage des actifs, - ne sont réalisés que par l'effort, que par l'intelligence dûment appliqués;

2° dans leur mouvement général et majeur de la seconde comme déjà de la première sorte de phases, il s'est déjà réalisé, et donc il se montre et reste possible, une différenciation, souvent notable, plus d'une fois importante et décisive :

selon les productions, les industries, les branches

selon les pays, les ensembles ou les catégories de pays, contrées, continents;

selon les entreprises, les régimes et les formes de production ;

selon les catégories de personnes et selon les fonctions dans la production et dans la société.

Spécialement aux tournants critiques de phase A en phase B, il nous apparaît, de nos expériences antérieures,

une avance relative, un handicap favorable, une prime de moindre atteinte, ou de meilleure et plus proche échappée, pour les plus actifs, les mieux organisés, les mieux outillés, les plus rénovés, les plus rationalisés.

Ici encore, ce n'est ni la matière première ni la technique, ni le capital ni le travail d'exécution, qui suffit, ni même qui constitue le décisif avantage. *La prime est réservée à la meilleure mise en œuvre*, à la fois du capital et du travail, sachant le mieux utiliser, le mieux susciter les matières et les moyens, à la plus novatrice, la plus intelligente, la plus adaptée, la plus efficace.

Et en effet, si le processus tel que nous l'avons aperçu est bien, en son essence, en ses caractères majeurs, un processus de vie, nous ne serons pas surpris qu'en un organisme supérieur, - en même temps qu'une action soutenue et une participation de toutes les cellules respectivement selon leur fonction, - il implique, dans l'innervation centrale, « l'élan vital », fécond, coordinateur et novateur.

- Et le pronostic, à ce point, entre les collectivités nationales où nous sommes ou qui nous touchent, peut apparaître manifeste que ce pays de Belgique où j'ai apporté cette étude est bien et restera de ceux où cette attente peut être la plus solide et la plus fondée.

Telle est, en bref, la signification, telles sont les perspectives qui nous paraissent impliquées dans notre analyse de l'évolution antérieure et dans ses résultats.

Pour résumer: une esquisse, une incitation.

Arrivé au terme de cet essai, je ne puis que répéter combien, tout le premier, je sens toutes les insuffisances de cet exposé, à la fois trop succinct et trop dense, trop incomplet et trop touffu. Mais ce que j'ai cherché ici, c'est seulement *une esquisse* et c'est *une incitation*.

Pour l'esquisse, mon but sera atteint si cet exposé a pu faire admettre, ou du moins prendre en considération sérieuse, à mes auditeurs ou lecteurs, l'idée directrice :

qu'une analyse expérimentale, sans thèse préconçue, du développement moderne et contemporain le montre, dans une économie progressive et pour une économie progressive, caractérisé par des fluctuations à longue période, Phases A, Phases B, de caractères opposés, dont la somme constitue et réalise ce qu'on appelle le progrès économique ;

que celui-ci ne paraît pas pouvoir être obtenu tel autrement;

que cette analyse expérimentale permet de reconnaître s'il y a présomption majeure que nous soyons dans la crise actuelle à un tournant de Phase A en Phase B ;

que, si c'est le cas, cette analyse nous fait, pour le déroulement ultérieur de cette nouvelle phase B, après de rudes sélections, moyennant efforts dûment appliqués, apercevoir des reprises

Deuxième partie

croissantes, à l'avantage, d'abord, des plus intelligents et actifs, des mieux équipés, des mieux et des plus vite adaptés.

Pour l'incitation, - et dans un Institut de Hautes Études, ou sous son égide, j'y attribue encore plus d'importance, - mon but sera atteint si, à travers et malgré tous les défauts de cet exposé, j'ai pu suggérer, aux jeunes et bons travailleurs qu'il peut toucher, de s'adonner à la recherche économique expérimentale,

avec la foi qu'elle puisse être féconde, tant pour la science économique en elle-même que pour ses applications possibles,

Avec la confiance que, plutôt qu'en des constructions idéologiques faciles, mais décevantes et contradictoires, plutôt qu'en des observations et interprétations hâtives se démolissant l'une l'autre,

c'est en cette voie laborieuse, mais non ingrate, que nos efforts peuvent chercher le plus efficacement à comprendre la réalité et à guider l'action,

au milieu des inquiétudes, des troubles, des angoisses qui agitent actuellement le monde.

ISBN : 978-1536813906

www.ingramcontent.com/pod-product-compliance
Lightning Source LLC
Chambersburg PA
CBHW070326190526
45169CB00005B/1767